道徳の授業がもっとうまくなる50の技

佐藤《Sato》 幸司《Koji》

JN215624

明治図書

はじめに

教師であれば、だれもが「よい授業をしたい」という思いをもっています。でも、その思いだけでは、授業の腕は上がりません。どんな職種であれ、自分がその道のプロであるためには、そのための技を習得しなければなりません。

職人の世界には、「技は師匠から盗むもの」という暗黙の了解があります。教師は、教育の職人（プロ）です。若手教師は、身近にいる尊敬できる先輩教師から、様々な技を学び――時にはこっそりと盗み――、教師としての力量を高めてきました。

しかし、それは、古き良き時代の光景になりつつあります。この本を手に取った先生方もおそらく実感しているように、教育現場は10年、20年前とは比べようがないほど忙しくなりました。

本来であれば若手育成にも尽力してほしいベテラン教師は、自分の仕事だけで精一杯。若手教師は、教材の準備や授業の展開について相談したくても、だれに相談したらいいのかがわからない。残念ながら、そんな現状が広がっています。

昨今、マネジメントという言葉――もともとはビジネス用語です――を教育界でもよく見聞きするようになりました。マネジメントとは、経営・管理という意味で、最も効果的な方法で目標を達成しようとする営みを指します。

じっくりと子供と向き合い自分自身の指導方法を生み出したり、先輩教師からていねいな指導を受けて指導技術を磨いたりできるのであれば、それに越したことはありません。けれども、現実は、厳しい状況です。悩んでいても、次の授業はやってきます。準備不足で授業に臨めば、その粗さを子供たちは見抜きます。

『**道徳の授業がもっとうまくなる50の技**』

道徳授業を毎週行っている先生方に、最も効果的に道徳の授業の技を身に付けてほしい。そして、子供たちが「道徳っておもしろい」と感じてほしい、

そんな願いを込めて、私はこの本を書きました。

平成30（2018）年は、道徳科元年です。道徳教育史上、最大級の変革がなされる記念すべき年です。前年度との大きな違いは、検定教科書が無償配付されることです。教材が確保されることによって、道徳授業の量的（授業時数の）確保はなされるでしょう。

けれども、領域なのか、教科なのか、特別の教科なのかというのは、道徳授業の枠組論に過ぎません。大切なのは、その中身です。すなわち、授業実践そのものです。

主たる教材である教科書をどのように使えば、魅力ある道徳授業になるのか。

さらに道徳授業を活性化させるために、教科書以外の教材――教師が子供たちのために開発した自作教材――をどのように創り出し、活用していけばいいのか。

本書では、それらの具体的方策を「技」という形で50項目にまとめました。

授業の腕を上げる技は、盗むものではありません。自らが学び、身に付けるものです。

道徳授業ができるのは、私たち教師だけです。

「特別の教科」として道徳授業が注目されている今だからこそ、教室現場から、子供たちの心に響く本物の道徳授業を創出していきましょう。

本書が、子供たちの幸せにつながる道徳授業づくりのお役に立てるのなら幸いです。

２０１８年４月

佐藤　幸司

もくじ

もくじ

第1章 道徳の授業開きがもっとうまくなる5の技

第2章 オーソドックスな道徳の授業がもっとうまくなる8の技

第3章 教科書を使った道徳の授業がもっとうまくなる10の技

第4章 リアルとファンタジーを見極めた授業構成がもっとうまくなる7の技

第5章 道徳の授業の幅を広げることが もっとうまくなる7の技

第6章 道徳の授業に深みを出すことが＼もっと／うまくなる8の技

第7章
道徳の評価が もっと うまくなる4の技

第8章
全ての技を支える たった 1つの思い

序章

今さら聞けない道徳の授業の5つの常識

1

「要としての道徳の時間」とは

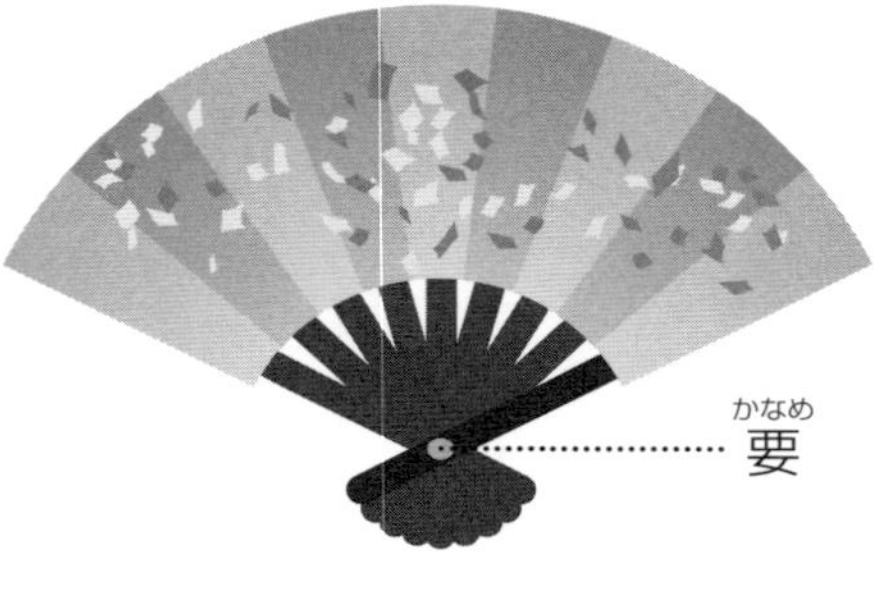

「道徳授業は、道徳教育の要である」という言葉を聞いたことがあると思います。要というのは、上図のように、扇の骨を閉じ合わせるためにはめる小さな釘のことです。

　これは、小さいけれども最も重要な部品です。要がしっかりしていなければ、扇はばらばらになってしまいます。そこから転じて、要は**「それを支える上で最も大事な役割を果たす部分や人」**という意味で使われます。

　新「小学校学習指導要領」（２０１７年3月、文部科学省）に、次のようにあります。

> 学校における道徳教育は、特別の教科である道徳（以下「道徳科」という。）を要として学校の教育活動全体を通じて行うものであり、道徳科はもとより、各教科、外国語活動、総合的な学習の時間及び特別活動のそれぞれの特質に応じて、児童の発達の段階を考慮して、適切な指導を行うこと。
>
> （第１章総則、ｐ３）

学校教育で「道徳」と言うとき、**学校教育活動全体で行われる道徳教育**と**週１時間行われる道徳授業（道徳科）**の二つがあります。

例えば、朝のあいさつや給食の準備、清掃活動なども、道徳教育として位置づけられます。子供たちは、これらの活動を通して、礼儀や協力、勤労の精神などを学んでいきます。それに対して、道徳授業（道徳科）は、指導目標や内容項目を決めて、年間35時間（1年生は34時間）意図的・計画的に実施されます。

道徳授業（道徳科）は、学校生活の中で日常的に行われている道徳教育を束ねるという意味合いにおいて、**道徳教育の要**という重要な役割を担っているのです。

2 「道徳の時間」から「道徳科」へ

道徳が教科化され、小学校では２０１８年度（中学校では２０１９年度）から、道徳科として全面実施されます。

でも、国語や算数と同じように各教科の一つになるのではありません。

新「学習指導要領」の目次を見てみましょう。

【小学校学習指導要領】目次

前文
第1章　総則
第2章　各教科‥‥①国語、②社会、③算数、④理科、⑤生活
⑥音楽、⑦図画工作、⑧家庭、⑨体育、⑩外国語

第3章　特別の教科　道徳
第４章　外国語活動
第5章　総合的な学習の時間
第6章　特別活動

※中学校は、第４章　総合的な学習の時間
第5章　特別活動

道徳が教科になるということで、「道徳も各教科の一つになるんだ…」と思っている人が意外と多いようですが、そうではありません。

第2章各教科は、これまで9教科でしたが、10教科になります。これは、東京オリンピックが開催される２０２０年度から、５・６年生で「外国語科」が全面実施されるからです。第４章外国語活動は、３・４年生の学習として残ります。

道徳科の位置づけは、これまでと変わらず第3章です。名前だけが、「道徳の時間」から「特別の教科　道徳」へと変わります。各教科とは別枠なので、特別の教科なのです。

また、今回の改訂では、新たに「前文」が設けられました。ここには、これからの教育の基本理念である「社会に開かれた教育課程の実現」などについて示されていますので、必ず目を通しておきましょう。

3 「特別の教科　道徳」へ込められた願い

月刊『教育技術』誌（小学館）で、文部科学省教科調査官の赤堀博行先生（現・帝京大学教授）と対談する機会がありました。私が学校現場を代表して、赤堀先生にいくつか質問をする企画です。

教科化の目的について、赤堀先生は次のように述べられました。

> 教科化の目的は2点です。①義務教育として一定の水準の授業を行う。②指導した結果をしっかり残していく。教科化はあくまで手段であって、学校によって与えられる教育の機会に不平等がないようにするのが目的です。
>
> 赤堀博行監修・著　佐藤幸司ほか著『子どもを幸せにする「道徳科」』p9（2017年、小学館）

道徳の教科化は、週1時間の道徳授業をきちんと実施してもらうための手段なのです。１９５８年に「道徳の時間」が特設されて以来、これが〈最終手段〉となるのでしょう。

では、道徳が特別の教科になることによって、まず、何が変わるのでしょうか。それは、**「今まで道徳をやらなかった教師がやるようになる」**という非常に単純な（けれども、最も基本的で大切な）変化が起こることです。ですから、これまで道徳授業に真摯に取り組んできた教師は、何も不安がらずにこれまで通り（さらに腕に磨きをかけて）授業を行っていけばよいのです。

けれども、道徳の教科化には、もっと大切な願いが込められています。それは、**いじめ問題の解決**です。２０１３年の教育再生実行会議で、道徳授業を活性化することによっていじめ問題を解決してほしいという願いが示されました。それを受けて、２０１４年には中教審から道徳の教科化に向けた答申が出され、２０１５年の学校教育法施行規則改正・学習指導要領の一部改正へという流れで「特別の教科　道徳」が正式に誕生しました。

心豊かな子供たちに育ってほしいと願わぬ人はいません。道徳授業の力でいじめ問題を解決してほしいというのは、国民総意の願いなのです。私たち教師は、自覚と責任をもって道徳授業に向かわなければなりません。

4

目標を簡単に読み解く
——四つの様相と四つの学習活動

道徳科の目標は次の通りです。便宜上、番号をつけて示します。※（　）は中学校

第1章総則の第1の2の⑵に示す道徳教育の目標に基づき、よりよく生きるための基盤となる道徳性を養うため、
①道徳的諸価値についての理解を基に、
②自己を見つめ、
③物事を（広い視野から）多面的・多角的に考え、
④自己の生き方（人間としての生き方）についての考えを深める学習を通して、
道徳的な⑴**判断力**、⑵**心情**、⑶**実践意欲**と⑷**態度**を育てる。

道徳教育の目標は、道徳性を養うことです。道徳性の様相（ありさま、在り方）には、様々な考え方があります。その中で、義務教育で育てるべき道徳性として選ばれたのが、「⑴判断力・⑵心情・⑶実践意欲・⑷態度」の四つなのです。

道徳科の授業は、この四つの様相の中のどれか（または複数）を育てることを目標として実施されます。このことを理解しておくと、学習指導案の目標を書くときに大変役立ちます。つまり、目標の文言の語尾は、基本的には、**「…判断力を育てる」「…心情を育てる」「…実践意欲を育てる（もたせる）」「…態度を育てる」**のいずれかになります。

また、道徳科の目標には、四つの学習活動（右ページ①～④）が示されています。

道徳科では、子供の道徳性については評価しません。つまり、**授業の目標が達成されたかどうかを評価するのではない**ということです。ここが、評価において各教科と大きく異なる点です。

では、何を評価するのかというと、目標に向かう学びの姿を四つの学習活動に注目して評価します。その際、肯定的な目で子供を見取り、数値化等ではなく記述で表します。

道徳科の目標には、**四つの様相**と**四つの学習活動**があります。まずはここだけ押さえておけば、目標（学習指導案）の書き方と評価の仕方（所見文の書き方）は大丈夫です。

5 知っておくべき道徳の歴史

「修身科」とは

戦前、道徳教育は、「修身科」という教科を中心として行われていました。修身科は、文字通り「身を修める」ための学習の時間です。

1880（明治13）年、教育令が改正され、小学校の教科の筆頭に修身科が位置づけられました。そして、翌年には、初等科・中等科・高等科（計8年）の全学年に修身科が置かれました。

今でも、

「知育と徳育、どちらが大切か？」

という議論がなされることがありますが、このときは、徳育が重視され、教科書には国家主義的な教材が含まれていました。

終戦に際し、ＧＨＱ（連合国軍総司令部）によって修身科は撤廃され、特定の道徳の時間はもたずに、学校教育全体を通じて道徳教育が行われることになりました。

戦前と戦後で、道徳教育は大きく変化しました。

「道徳の時間」の誕生

１９５８年、戦後10年以上を経て、学習指導要領が改訂されました。

このとき、小中学校に週１時間の「道徳の時間」が置かれ、学校教育全体を通じて行われる道徳教育を「補充・深化・統合する」と明記されました。それが、今日まで続いてきた特設道徳の時間の始まりです。

当時は、道徳の時間を「修身科の復活だ」とする反対運動もあり、なかなか学校現場に道徳授業が定着しませんでした。

その後、思想的な反対運動は沈静化していったものの、肝心の道徳授業に対しては、

「読み物教材による登場人物の心情理解に偏った学習」という形骸化が指摘されていました。

そうした歴史の上に、「特別の教科　道徳」が誕生したことを覚えておきましょう。

第1章

道徳の授業開きが もっと うまくなる 5の技

1
「道徳の時間とは？」を子供に問う

4月最初の道徳科の時間になりました。道徳科の授業開きです。子供たちは、新しい教科書を手にして、どんな勉強が始まるのかワクワクしています。授業の始まりのあいさつを終えたら、黙って黒板に次のように書きます。

【道　徳】

黙って板書をすると、カツカツという心地よいチョークの音が教室内に響きます。その音にひかれて、子供たちの視線が教師の指先（チョーク）に集まります。中には、「どう・とく」と、教師の板書に合わせて小さな声を出している子供もいます。

教師は、そうした反応を背中で感じながら、慌てずゆったりと、そしてていねいな文字で「道徳」と書きます。時間にすれば、ほんの20秒ほどでしょうか…。

書き終えたら、子供たちの方を向いて、

「読めますか？」

と尋ねます。「道」は2年生、「徳」は5年生で学習する漢字です。1年生はさすがに読める子はいないかもしれません。でも、２年生以上であれば、学級に何人かは読める子がいるはずです。読み方を確かめたら、

「道徳って、どんな勉強をする時間なのでしょうか？」

と聞いてみてください。ここで、具体的な教材名や「友達を大事にする勉強」とか「正しい行動について学ぶ時間」といった返答がある学級は、前担任がしっかりと道徳授業を実施してきた学級です。

私は、子供たちに、

「道徳とは、心をどう使うのかを勉強する時間です」

と話します。

道徳科の授業開きでは、教師が「道徳の時間とは？」の問いに対する具体的な答えをしっかりもって、道徳授業をスタートさせましょう。

2 リクエスト方式で教科書と出合わせる

「道徳の時間とは？」について考えた後は、いよいよ新しい教科書との出合いです。

教科書を開く前に、**教科書無償給与制度**――義務教育諸学校の教科用図書の無償措置に関する法律（1963年）――について子供たちに話をしてください。6年生は、社会科で政治について学習するので、法律で定められていることにも触れてください。こうした一つ一つの学びが、遵法の精神を育てることにもつながっていきます。

小学校の道徳教科書は、計8社から出されています。出版社によって多少の違いはありますが、どの教科書にも冒頭に「道徳のとびら」「道徳の学び方」といったオリエンテーション的な内容が掲載されているはずです。まずは、オリエンテーションのページを読んで教科書を使った授業のイメージをもたせましょう。

新しい教科書を手にするのは、うれしいものです。中身を読んでみたくなります。そこ

で、教師は前もって教科書から子供たちに読み聞かせたい話を一つ決めておいて、その話を読み聞かせます。次に、

「他にはどんなお話が載っているのか、自分で道徳の教科書を読んでみましょう」

と話し、10分間ほど自由に教科書を読む時間を取ります。道徳科では手元に教科書が配られるわけですから、まだ学習予定が先の教材であっても事前に読ませておくことは何ら差支えありません。時間になったら、

「みんなで読んでみたい話はありますか？」

と聞き、子供たちからリクエストを取ります。残りの授業時間にもよりますが、三つ程度の話は読めることでしょう。読み終えたら、

「一番心に残った話はどれですか？」

と聞いて、どんなところが心に残ったのかを発表させます。いいお話を読み聞かせると、子供たちの心がほっこりします。

新年度最初の週は、様々な学級事務もあり、教材の準備がなかなかできない場合があります。せっかく新しい道徳の教科書をいただいたのですから、**教科書をフル活用した〈リクエスト方式〉の授業を実施してみましょう。**

3
学級全員を授業に参加させる手立てをもつ

道徳の「正解」とは

道徳の学習では、「答えがない」のではありません。真実は確かにあります。**答えは一つではない**のです。

子供たちに、次のように話します。

「道徳の勉強では、答えは一つではありません。**みんなが一生懸命に考えた答えならば全部正しいのです**」

年度当初の緊張がゆるみ、学級にも何となく「慣れの雰囲気」が出てくると、ウケねらいや悪ふざけの発言をする子が出てきます――本来は望ましくないことですが、学級づくりの途中では様々なことがあります――。そうならないために、子供たちに話すときには、「一生懸命に考えた答え」の部分を強調してください。

「道徳は、思ったことを何でも話せる時間だ」という言葉を聞くことがありますが、道徳は「何でもあり」とは違います。「答えが一つではない」というのは、子供が道徳的な課題に向き合い、自分なりの一生懸命な答えを出したのならば、それは全員の考えが認められるという意味です。

全員に発言させる場面を意図的につくる

一生懸命に考えた答えならば、全部正しい――。

教師がそう宣言した以上は、それを子供たちに実感させなければなりません。口で言ったことと実際の行動が一致していなければ、教師は信頼されなくなります。

そのためには、全員に発言させる場面を意図的につくります。例えば、あいさつについて学習する授業――内容項目「礼儀」――の導入段階（最初の活動）で、

「みなさんは、どんなあいさつを知っていますか？」

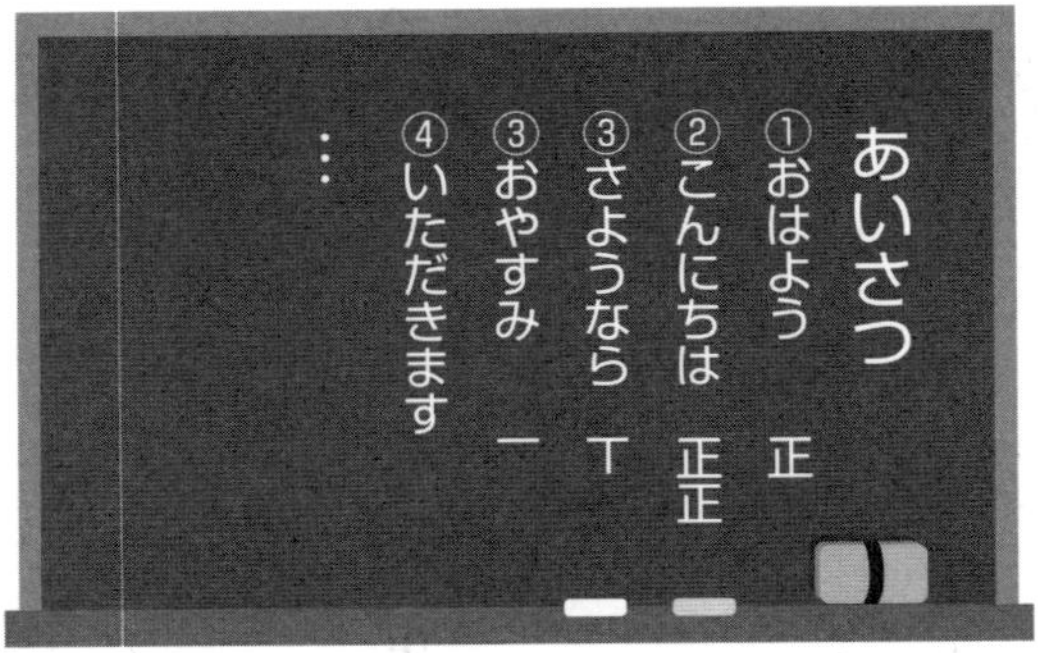

と問います。

そして、列指名で順番に発表させ、出された言葉は番号をつけて全て板書します。答えにつまる子がいたら、

「同じ答えでもいいんだよ。」

と話し、黒板に「正」文字でカウントしていきます。

このとき、

「ぼく**も**、○○さんと**同じ**で…」

と話す子がいたら、この話型を取り上げ、発表の仕方のよさを共有します。ただし、教師が指摘するのではなく、

「今の□□君の発表で、とてもいい言葉がありました。気づいた人、いますか？」

と問いかけ、子供に気づかせます。

子供に「ぼくも」や「～と同じで」の表現についての発表があったら、

「友達の発表をきちんと聞いていたから、こういう言い方ができたんだね」

と、さらに教師はこの発言への価値づけをしてあげます。

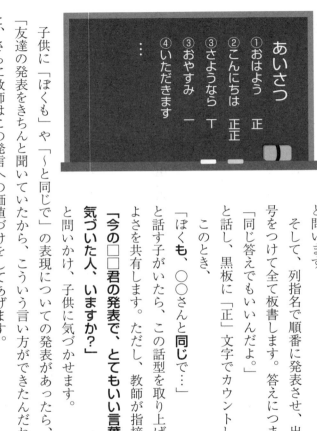

挿絵や写真を見せて全員に発表させる

同じく授業の導入段階で、挿絵や写真を見せて全員に発表させる方法があります。

これは、道徳授業「河童の涙」の板書の前半部分です。ある観光地では、観光客が捨てた清涼飲料水のガラス瓶を砕いて袋に詰め「河童の涙」として販売していました――現在はガラス瓶が減りペットボトルになったので販売していません――。売上は、自然保護のために使われました。

導入で、このイラストを提示して、「気づいたことや疑問に思ったこと」を全員に発表させました。イラストを見れば、河童が泣いていることがすぐわかります。そこから、泣いている理由へと子供たちの考えが広がっていきます。

全員の考えを認め、板書で整理していきます。

4 意見をつないで子供をつなぐ

前項で「ぼく**も**、○○さんと**同じ**で…」という話型のよさに気づかせ、そのよさを学級全体で共有させるときの技について述べました。この技は、発言する際の話型指導や話の聞き方の秩序づくりに有効です。同時に、学級づくりにおいても、大きな効果をもたらします。

教師が発問をします。その発問に対して、たくさんの子供の手があがりました。教師は一人を指名します。その子が、

「○△×です」

と答えました。すると、先ほど手をあげていた子供が、一斉に、

「同じでーす」

と答えました。子供の発表は、ここで途絶えてしまいます。

　ここで終わったら、「答えは一つ」になってしまいます。

　こんなときは、先ほど挙手をしていたA君を指名して、

「同じでもいいから、言ってごらん」

と言って発表させます。すると、微妙にニュアンスが違っていたり、新しい視点からの考えが含まれていたりするものです。そのわずかな違いを認め、ほめてあげます。

　教師の発問に一人の子（Bさん）が、

「○△×です」

と答えました。ここまでは、先ほどと同じです。違うのは、次の展開です。

「ぼく（C君）も、Bさんと同じで○△×です」

「わたしも、BさんとC君と同じで○△×です」

　ここに、子供同士の意見のつながりが生まれます。

　もちろん、「ぼくも、Bさんと同じで…」という言葉が築くことができるのは、ほんのゆるやかな子供同士のつながりに過ぎません。しかし、ほんのわずかなつながりを毎時間の道徳授業で――それ以外の授業でも――築いていったら、それは、**太くて確固たる子供同士の結びつきになる**のです。

5

30秒間の静寂を楽しむ

自分がたくさん発表する授業と、だれかの話を聞いている時間が長い授業。

子供は、どちらの授業を「おもしろい」と感じるでしょうか。

それは内容によりけりで、一概にどちらかに決めることはできないかもしれません。でも、多くの子供の場合、それは「自分がたくさん発表する授業」であるはずです。

「道徳の時間は、ぼく（私）もたくさん発表できる！」

こう実感できると、子供は「道徳っておもしろそう」と思うようになります。

では、子供の発表の機会を妨げているのは、何でしょうか。

実は、それは、**教師の発言である場合が少なくない**のです。

発問をした後に、子供からの反応がないと、教師は不安になります。

不安になると、

す。
「何でもいいんだよ」
と言ったり――何でもいいはずはないのですが――、発問を別の言葉で言い換えたりしま
す。
　それでも反応がないと、自分から質問したはずなのに、自分で説明（解答）を始めてし
まう教師もいます。
　教師の発言が増えると、必然的に子供の発言は減っていきます（逆に、教師の発言が少
なくなれば、子供の発言は増えます）。
　発問をした後に、すぐに挙手がなくても焦らないでください。
　子供たちは、今、教師からの問いについて考えているのです。むしろ、何かを尋ねた瞬
間に「はい！」と元気よく挙手をする子に、
「もう少しゆっくり考えてごらん」
と話してください。
　子供の反応がなくても、不安に思わないでください。こんなときは、１分間…とまでは
いかなくても、せめて**30秒待ちましょう。**
　静寂は心地よいものです。道徳の答えは一つではありません。全員が発表できます。だ

から、そのための時間を確保してあげます。

教師が困った表情などは見せずにゆったりと構えて、**子供が安心して考えることができる雰囲気をつくりましょう。**

第2章

オーソドックスな道徳の授業が/もっと/うまくなる8の技

6 「基本型」を熟知する

道徳授業は、昭和33年に特設されました。「道徳の時間」としては２０１７年で58歳となり、60年近くに及んだその役目をいったん終えることになりました。２０１８年度（中学校は２０１９年度）からは、道徳科として再スタートします。

この間、広く行われてきたのは、「基本型」と呼ばれる指導過程に基づいた授業です。

概ね、次のような内容です。

●導入

「あなたは、家や学校でどんな仕事をしていますか？」というように、その授業で扱う内容項目（勤労）に直結する問いを出す。「価値への方向づけ」と呼ばれる。もう一つ、資料の内容に興味や関心もたせる「資料への導入」がある。

●展開（前段）

資料（読み物）を基に話し合う活動。「このときの登場人物は、どんな気持ちでしょう?」と問い、登場人物の気持ちを考えさせる。

●展開（後段）

資料から離れて、自分自身を振り返る。「自己を見つめる」「道徳的価値の内面的自覚」の場面と呼ばれる。「皆さんも同じ経験はありませんか?」という問いが多くなされる。

●終末

その時間の目標にかかわる教師の説話で締め括られることが多い。

「基本型」には、道徳授業の一つの型を示すことにより、とかく「やり方がよくわからない」と言われることの多かった道徳授業を活性化させていきたいという意図がありました。同時に、この型に縛られるあまり、逆に道徳授業の形骸化を招いてしまったのも事実です。けれども、曲がりなりにも「基本」という名がつく指導展開例ですので、道徳授業づくりを進める上で覚えておいて損はありません。

7 「基本型」の意図を授業づくりに生かす

道徳授業の形骸化を招いた原因の一つとして批判されることの多い「基本型」ですが、長年にわたって広められてきたということは、そこに何らかの意図があったはずです。

２０１７年６月に示された学習指導要領の解説には**「道徳科の学習指導過程には、特に決められた形式はないが」**（p80）という文言が加わり、「導入・展開・終末」という流れはあくまで一つの例で、教師による弾力的な扱いが大切であると強調されています。

しかし、弾力的に扱うにしても、そのもともとの意図を理解しなければなりません。

まず、「導入・展開・終末」の三段階構成ですが、例えば、作文でも「はじめ・なか・おわり」という構成があります。「序論・本論・結論」という三段階で全体を構成すると、思考がしっくりと進み、落ち着いて学習ができます。

それぞれの段階については、大まかに次のように理解しておくとよいでしょう。

●導入

各教科の授業では、「課題をつかむ場面」が授業の最初に位置づけられることがよくある。道徳授業での導入は、その時間の「めあて」を子供たちにつかませるためになされる。

●展開1（前段）

私たちは、日常の指導で「友達の気持ちを考えなさい」と子供を諭すことがある。資料中の人物の気持ちを考えることは、実際の生活場面でのシミュレーション学習（相手の気持ちを察する）の効果が期待できる。

●展開2（後段）

いくら立派な生き方を学んでも、「自分にはできない、無理だ」となっては、意味がない。自分事として考えられるように、これまでの自分を振り返る活動を重視する。

●終末

最後に学習のまとめをして、道徳的な価値をしっかりと心に留める。

「基本型」の型ではなく、その意図を理解しましょう。そして、基本の上に、自分らしい授業実践を積み上げていってください。

8

45分間を大まかにシミュレートする

わかりやすくて困る

教科書の読み物教材——特に「編集委員会作の生活文」——は、大変わかりやすくできています。ほとんどの教材は、一読すれば、その話が伝えようとする大切なこと（道徳的な価値）がすぐにわかります。

「わかりやすい」というのは、長所であると同時に、短所でもあります。それは、**一読しただけで、その日に学ぶべき内容がほとんど想像できてしまう**ことです。

若い先生方から、「道徳のやり方がよくわからない」という話を聞くことがあります。

けれども、一番多い悩みは、「読めばすぐ結論がわかる話を使って、どうやって45分間もたせるのですか?」というものです。

慌てないために

時間がまだ半分近く残っているのに、その授業で教える内容が終わってしまった…という経験はないですか。各教科の場合だと時間が足りないくらいなのに、道徳ではその逆の現象が起こることがあります。

そんなときに慌てないために、**授業を頭の中でシミュレート（実際の流れを想像）しておきましょう。**

授業展開の基本は、導入（はじめ）↓展開（なか）↓終末（おわり）です。

「導入では、これをもってくる。時間は10分くらい。展開では、この発問とこの指示で15分くらい。書く活動を入れると、展開は全部で25分。すると、終末の時間は10分ほど…」というように、大まかなイメージをもちます。

それでも時間があまったら…、たまにはちょっと早めに授業を切り上げるのもよいでしょう（毎回はダメですよ）。

9 導入を使い分ける

道徳授業の導入には、３つのタイプがあります。

❶価値への導入

「7 『基本型』の意図を授業づくりに生かす」で述べたその時間の「めあて」を子供たちにつかませるための導入です。「価値への方向づけ」とも呼ばれ、これまで一番広く行われてきました。その授業で扱う内容項目に直結する問いを出します。

❷資料（教材）への導入

その授業で扱う資料に関連する写真を提示したり、問いを出したりします。子供たちから「今日の授業はおもしろそうだぞ」という興味関心を引き出し、学習意欲を高めます。

❸雰囲気づくり

歌を歌ったり、簡単なゲームをしたりします。授業の内容との関連は、あまりありません。心を開放して、リラックスして授業に臨むようにします。

また、それぞれによさがあります。

「❶価値への導入」は、明確な課題のもとに進める学習（問題解決的な学習等）に適しています。例えば、いじめ問題を扱うときに、「学校生活で、楽しい（または嫌だ）と感じるのは、どんなときですか？」という問いから授業を始めて、友情の大切さ（いじめの卑劣さ）へと焦点化していくやり方があります。

たいていの授業では、「❷資料への導入」が効果的です。意外性のある資料提示やわくわくするような問いかけで、子供たちの学ぼうとする意欲を高めます。

「❸雰囲気づくり」は、私はやったことがありません。でも、子供たちが笑顔で授業を開始できるのであれば、短時間で歌やゲームなどを行うのも悪くない気がします。

その授業に合わせて、3つの導入を使い分けていきましょう。

10

子供の発言を資料につなぐ

ありがちな光景

内容項目C「家族愛」を扱った低学年の授業では、「家のお手伝い」として、お風呂掃除を題材とした教材がよく使われます。

この授業の冒頭で、教師は、

「みなさんは、家でどんなお手伝いをしていますか？」

と尋ねました。

子供たちからは、くつそろえ、茶わん洗い、おばあちゃんの肩もみ…など、いろいろなお手伝いが出されました。教師は、それらの発表を聞いて「なるほどね」とうなずきなが

ら、

「他には?」

と、さらに発言を求めました。すると、一人の子が、

「ぼくは、お風呂掃除のお手伝いをしています」

と答えました。教師は、

「そうだね。お風呂は、家族みんなが入るから、お手伝いをしてくれると助かるね」

と話し、黒板に【おふろそうじ】と書きました。そして、

「今日は、お風呂掃除の話を読んでみましょう」

と言い、教科書を開くよう指示しました。

隠れたカリキュラム

一見すると、子供の発言を生かした資料(教材)への導入のようです。けれども、ここには、**教師が陥りやすい隠れたカリキュラム**が含まれています。

子供たちは、それぞれに自分が家でやっているお手伝いを発表しました。教師が「お家

でどんなお手伝いをしていますか？」と尋ねたのですから、それは当然のことです。

ところが、認めてもらった（板書してもらった）のは、「お風呂掃除」だけです。それならば、最初から、

「みなさんは、家でいろいろなお手伝いをしていると思いますが、お風呂掃除をしている人はいますか？」

と問うべきなのです。

教師は、次の展開につなげるために「お風呂掃除」という発言がほしかったわけです。でも、**それに飛びついてはいけません。**

これを繰り返していると、子供たちは――賢い子ほど――、教師が求める意見だけを発表するようになります。「先生は、こういう意見を言うと認めてくれるんだ…」と、子供は無意識のうちに考えるようになります。すると、結果として、建前だけが飛び交う授業になってしまうのです。

もちろん、教師にそんな意図はありません。子供たちだって、最初から「先生は、そんな意見を求めているのかな？」などと思っているわけではありません。いつの間にか、そういう空気が流れてしまいます。これが、隠れたカリキュラムです。

子供の発言を資料につなぐ

ここは、全員に発表させ、全員の発言を板書すべき場面です。そのためには、挙手→指名型ではなく、列指名等で順番に発言の機会を与えます。そして、

「茶わんならべをしています」

「お風呂掃除です」…

というふうに、テンポよく発表させます。お手伝いの中身だけを言うので、1人10秒もかかりません。30人の学級として、5分以内で全員が発表することができます。

子供たちがやっているお手伝いを全部板書したら、次に、それらの発言を**「みんなのお手伝い」という言葉で一括りにします。**そして、

「今日勉強するお話では、どんなお手伝いが出てくるかな？」

と話して、資料「おふろそうじ」を読んでいきます。

これが、子供の発言を資料の内容へとつなげていく導入です。

11 気持ちを直接問わず、行為の理由を問う

気持ち・気持ち・気持ち…

これまでの道徳授業では、登場人物の気持ちを直接問う発問が多くなされてきました。

すなわち、

「このとき（登場人物）は、どんな気持ちでしょうか？」

という発問です。

公開研究会の授業では、この傾向が顕著に表れていました。学習指導案を読むと、本時の主発問のほとんどが、「どんな気持ちでしょうか」となっていました。

「気持ち・気持ち・気持ち…」で、気持ち悪いほど気持ちを直接問う発問が並んでいた

のです。

気持ちを直接問う発問をすると、子供たちからは、「うれしかった」「悲しかった」というような答えが返ってきます。それは確かに気持ちを端的に表す言葉なのですが、その一言で完結してしまい、登場人物の気持ちを熟考した言葉とは言えません。

そもそも、気持ちを表す言葉自体が少ないのです。前述の二つの他には、「楽しい」「くやしい」などでしょうか。

さらに言えば、**本当に心が動いたときの気持ちは、言葉にならない**のです。

道徳では、言葉にならない気持ちをこそ大切にすべきです。

心情を考える意味

道徳科のスタートにあたって、これまでの道徳の時間の課題例として、「読み物の登場人物の心情理解のみに偏った形式的な指導」が指摘されています（2015年4月21日、中央教育審議会資料）。

ところが、この指摘のイメージが強烈だったためか、

「これからは、登場人物の心情を理解させるのはＮＧなのだ」

というような批判がなされることもあるようです。けれども、それは偏った批判です。

私たちは、日常の子供たちへの指導の中で、

「友達の気持ちを考えなさい」

と話して諭すことがあります。

道徳の授業で登場人物の心情を考えさせることは、そのシミュレーション的な学習効果が期待できます。つまり、登場人物の心情を考える学習を通じて、実際の生活においても友達の気持ちを察することができるようになるのです。

登場人物の心情を考えさせるのは、大切な学習です。ただし、気持ちを直接問う発問をしても、多くの場合、主体的な学びにはなりません。

行為に注目する

気持ちを直接問わないで登場人物の心情を考えさせる発問の一つに、**行為の理由を聞く発問**があります。これは、登場人物の行動が最後まで示されている資料で使えます。

例えば、道徳教材として使われることの多い「泣いた赤鬼」（浜田廣介）の一場面です。青鬼は、赤鬼が人間と友達になれるようにと、人間の家で暴れます。

ここで、

A　暴れている青鬼は、どんな気持ちでしょうか？

と問えば、

「これで赤鬼が人間と仲良くなれればいいな」

という返答があるでしょう。この問い（発問A）でも、子供たちは青鬼の気持ちになって、ある程度の発言をすることはできます。

一方、

B　青鬼は、どうして人間の家で暴れることを決めたのでしょうか？

と問えば、そのとき（暴れているとき）の気持ちはもちろん、赤鬼の幸せを願う気持ちや、これまでの友情に感謝している気持ちなど、子供たちは多面的に青鬼の心情を考えるようになります。

行為と心情は、表裏一体です。だから、その行為に至った理由を問うことは、すなわち人物の心情を想像することにつながっていくのです。

12 悩んでいる場面では、取りうる行為を問う

「泣いた赤鬼」のように、童話（物語）を題材とした資料では、ほとんどの場合、登場人物の行動が最後まで示されています――低学年の人気教材「金のおの」では、隣に住むよくばりな木こりは、最後に自分のおのも失ってしまいます――。

生活場面を題材にした資料では、主人公が悩んだり困ったりしている場面までが描かれ、結論の部分は示されていないものもあります。むしろ、教科書では、結論を示さずに、子供たちに考えさせるタイプの資料が増えているようです。

例えば、公園で野球をして遊んでいて、誤って隣の家の窓ガラスを割ってしまったという資料があります。割ってしまった後の行動については示されていません。

これまでの授業展開例であれば、

「ガラスを割ってしまった○○は、どんな気持ちでしょうか？」

という発問が何の疑いもなくなされていたことでしょう――でも、ここで気持ちを聞かれても、「困った・どうしよう・正直に謝りに行こうかな…」という他に、答えようがありません――。

気持ちを直接問うと、子供たちの思考の幅は狭まります。

そこで、この場合（最後の行動が示されていない場合）は、登場人物の取り得る行為を問います。例えば、以下のような発問です。

「この後、〇〇ができる行動には、どんなものがありますか？」

言葉での発表、またはノートやワークシートに書かせる方法もあります。

子供たちからは、「正直にことわって謝る」「家の人に話して一緒に謝りに行く」「みんなですぐに謝りに行く」「怖くなって逃げる」等、いくつかの行為（選択肢）が出されます。ただし、ここは、**望ましい（取るべき）行為を聞いているのではなく、取り得る（可能性のある）行為を出し合っている学習場面**です。発問の意図を教師も子供たちも混同しないように気をつけます。

それぞれの行為には、そうするための理由があります。

その理由が、すなわち登場人物の心情を表しているのです。

13

授業の最後に余韻を残す

教師の説話

終末段階では、教師の説話で授業を終えるという手法が多く取り入れられてきました。子供たちは、担任教師の小学校や中学校時代の話を聞くのが大好きです。その頃の先生の姿を今の自分たちと照らし合わせて、親しみを覚えるのでしょう。

教師の説話では、その時間の内容項目に合わせて、担任教師が自分の思い出や体験談などを話します。

ですから、終末での教師の説話は、子供たちが興味をもって話に聞き入り、その時間に学んだ内容を確認するという意味において、有効な方法です。

けれども、毎時間この手法で授業を閉じるとしたら、授業者は、35の説話を内容項目別に準備しなければなりません。いくら人生経験が豊富な教師であっても、それは、かなり厳しいはずです。**無理に話をつくれば、その嘘っぽさを子供も見抜きます。**

終末の在り方も、一辺倒ではいけません。

本当に伝えたい思い出があるときだけ、道徳の時間の最後（終末）に、心をこめて子供たちに話をしてあげてください。

説話に幅をもたせる

説話とは、神話・伝説・民話などの総称です。

道徳の時間においては、説話は教師の思い出・体験談などをさします。これは、教育界の「業界用語・方言」なのです。

私が心がけているのは、**授業の最後は余韻を残す**ということです。絵本の読み聞かせや歌で終えることもあります。身近であった心温まる出来事を伝えて授業を閉じれば、教室が何ともいい雰囲気になります。

授業の余韻が、翌週の道徳の時間まで続いていたとしたら、それは、子供たちの心の中に道徳が1週間生き続けたことになります。

教師の説話も悪くはありません。

けれども、毎時間では胡散臭くなります。授業の終わりは、まとめよりも余韻を大切にしましょう。

第3章

教科書を使った道徳の授業が もっと うまくなる10の技

序

主たる教材としての教科書

道徳科では、主たる教材として教科書が使われます。

けれども「毎時間、教科書だけを使って、教材を順番通りに扱う」という縛りがあるわけではありません。新しい学習指導要領の解説でも、第2章・第4節（p99～）で魅力ある教材開発の大切さについて述べられています。

とはいえ、主になるのは、教科書教材です。

教科書を使った授業が楽しくなければ、せっかく特別の教科として再出発した道徳授業がますます形骸化してしまいます。

この章では、教科書教材を使ってもっと楽しい授業をつくる技を伝授します。

14 挿絵からスタートする

順番通りで間違いはない

例えば、各教科の授業であれば、教科書の順番通りに授業が進んでいきます。

道徳科では、どうでしょうか。

２０１８年度から無償配付された検定教科書は、教材の配列も十分に吟味されています。基本的には、ページの最初から順番に使用すれば、季節、学校行事に合致する内容の教材が掲載されています。そして、全ての内容項目をバランスよく扱えるようになっています。

ですから、これまであまり熱心に（または、ほとんど）道徳をやってこなかった教師が道徳の教科化を機に、――心を入れ替えて?!――授業をやろうとするのであれば、**教科書**

のページを順番に扱っていけばよいのです。

まずは、授業を毎週やること。これがスタートです。道徳科の授業も、各教科と同じように教科書の順番通りに授業を進めれば、間違いはありません。

「○ページを開きましょう」をやめる

順番通りで間違いはないのですが、それだけだとおもしろくありません。例えば、「今日の道徳は、教科書の○ページからです。教科書を開きましょう」という教師の言葉で毎時間の道徳授業が始まったら、子供たちはどう感じるでしょうか。

道徳授業の量的確保――週1時間の授業の実施――はできます。けれども、道徳授業の質的確保――子供が本気になって学ぶ授業の実施――が可能かどうかは甚だ疑問です。むしろ、与えられた教材を読んで学べばいい…というようなたるんだ雰囲気が教室に充満し、道徳授業の形骸化が進んでしまうことが懸念されます。

同じ教材を使うにしても、教師が「○ページ」を開くように指示するのではなく、**子供たちが興味をもって教材に出合えるような技**が必要です。

視覚に訴える

これは高学年の教材「銀のしょく台」の挿絵です。ビクトル・ユゴーの名作「レ・ミゼラブル（ああ無情）」の一場面が教材化されています。

授業では、最初にこの挿絵を拡大カラーコピー（またはＩＣＴ機器）で提示します。

そして、

「何をしているのだと思いますか？」

と問い、場面の様子を想像させます。

子供たちの考えを聞いた後、

『道徳教育』2016年６月号，p.41，土田暢也先生のワークシートの挿絵を基に作成

「この絵が何ページに載っているか教えてください」

と話し、自分たちで教科書をめくって挿絵のページを探させます。

ほんのひと工夫で、授業に向かう子供の意欲が変わってきます。

15

読みのバリエーションを増やす

読み物なのだから

これまでの道徳授業の問題点として、**読み物の登場人物の心情理解のみに偏った形式的な指導が行われる例があること**が指摘されています。

道徳科の教科書を見ると、写真が大きく掲載されたり体験的な学習が示されたりしているページが増えてはいるものの、圧倒的に多いのは、やはり読み物教材であることがわかります――だから、なおさら、読み物以外の魅力ある道徳教材の開発が、教師には求められるのです――。

つまり、教科書教材で楽しい授業をつくるためには、授業者に読み物教材を効果的に活用する技が求められるということです。

読み物教材は、その名の通り、読む教材です。読まなければ、授業は始まりません。もちろん、教材文の読解に終始してしまっては、道徳科が国語科になってしまいます。けれども、私たちは、何かを知ることによって考えるのです。

まず、文章をしっかり読ませる。これは、道徳科の授業でも同じことです。

教師の範読以外の読みも

道徳授業では、教師の範読がよく行われます。内容をしっかりと伝えるためには、範読が効果的です。でも、内容によっては、子供に音読させると、授業の幅が広がります。

例えば、低学年の教材に「金のおの」があります。正直な木こりと神様、そして、隣に住むよくばりな木こりが登場人物です。これを、①正直な木こり、②神様、③隣の家の木こり、というように**分担をしてせりふを読ませます。**地の文は教師が読みます。せりふをすらすらと音読することによって、人物の心情を理解できるようになります。

読みのバリエーションを増やして、子供たちの活動場面を意図的に増やしましょう。

16

授業前日に宿題を与える

宿題を出そう

２年生の後半、算数では「かけ算九九」の学習が始まります。九九は、学校（授業）だけの学習で全てを習得するのは無理です。保護者の協力を得ながら、家でも何度も繰り返し練習をします。

道徳でも、同じ考え方ができます。

道徳授業を１時間実施したからといって、子供は急には変わりません。でも、それは各教科の学習でも同じです。授業中だけでの学習では足りないから、家庭学習としての宿題が必要なのです。せっかく「教科」になったのですから、道徳の宿題を出しましょう。

低学年は「音読（本読み）カード」を活用する

　低学年では、国語の本読み（音読）に取り組んでいる学級が多いことでしょう。もちろん、低学年だけに限らず、中・高学年でも、国語の学習で教材文をすらすら読むことは、学習の基本として習得すべき大切な技能です。

　家の人から「読みました」の印をもらってくる「音読（本読み）カード」は、主に今習っている国語の教材文を読んでくることになっています。これを、**道徳授業の前日には、道徳の教科書を音読して、カードに印をもらうようにします。**

　今年度からは、全児童に道徳科の教科書が無償配付されています。教室に保管などはせずに、毎回時間割をそろえて持って来させましょう。そして、前日に、明日はどの教材を使うのかを伝え、家で音読してくるようにします。

　家で音読練習をして来れば、子供たちはその日の道徳教材の内容を理解した上で授業に臨むことができます。宿題を出す際、**読みの視点を与える**――例えば、教材「金のおの」では、「どんな木こりさんが出てくるのかを考えながら読んできましょう」という指示を出す――ことによって、すらすら読むだけでなくその内容も意識するようになります。

こうした学習を積み上げていけば、予習として、みんなで話し合ってみたい内容について各自が問題（課題）をつくってくることもできるようになります。これは、保護者に道徳の学習内容を伝えることにもなるので、家庭と連携した道徳指導にも役立ちます。

なお、繰り返し述べているように、道徳の教科書は「主たる教材」です。毎時間、必ず教科書だけを使って授業をするのではありません。道徳授業の指導計画に合わせて、音読の宿題をどこに入れるかは担任が考えます。これは、担任の**「道徳授業のカリキュラム・マネジメント」**です。

〈補足〉カリキュラム・マネジメントとは

昨今、聞こえはよいのだけれども、今一つ意味がよくわからない言葉・造語が増えました。その一つが、「カリキュラム・マネジメント」という言葉です。

マネジメント（management）は、「経営・管理」という意味で、もともとはビジネス用語です。マネジメントには、次の三つの要素があります。

①物　→　教材・教具・施設
②金　→　教育予算
③人　→　教師・地域の先生など

これらの三つを使って、最も効果的なやり方で目標達成に向かう営みが、すなわちマネジメントです。

カリキュラムは、「教育課程」を意味します。教育課程の編成責任者は校長で、実際の仕事は教務主任が中心に担当します。教育課程の編成は、学校教育目標を達成するために行われます。ですから、カリキュラム・マネジメントとは、**「学校教育目標を達成させるために、最も効果的な方法で学校経営を進めていくこと」**とまとめることができます。

カリキュラム・マネジメントは、管理職や教務主任だけの仕事ではありません。むしろ、実際に授業を行う学級担任にこそ、カリキュラムをマネジメントする力が求められます。各教科の実施内容、実施授業時間等の管理は、学級担任の大切なマネジメントの一つです。道徳授業の指導計画を作成し、その内容に合わせて道徳の宿題を出すのも、担任のカリキュラム・マネジメントによります。

17

教材のリアリティを子供に伝える

どこか思い当たる…

中学年の人気教材に「ブラッドレーのせいきゅう書」があります。
ある日、ブラッドレーは、お母さんにこんな請求書を渡しました。

お使いちん	1ドル
おそうじした代	2ドル
音楽のけいこに行ったごほうび	1ドル
合　計	4ドル

すると、お母さんからも請求書が届きました。

親切にしてあげた代	0ドル
病気をしたときのかん病代	0ドル
服や、くつや、おもちゃ代	0ドル
食事代と部屋代	0ドル
合　計	0ドル

この話――「ブラッドレーのせいきゅう書」は外国のお話という設定ですが、「お母さんのせいきゅう書」という題名で日本の家庭の話としての教材にもなっています――は、創作です。しかし、場面や登場人物の言動は、子供たちにとってどこか思い当たる内容になっています。この「どこか思い当たる内容」というのが、この教材のリアリティなのです。

道徳授業での学びがアクティブになるのは、教材のリアリティが子供たちに伝わったときです。逆に、リアリティのない嘘っぽさが、建前だけが飛び交う白々しい授業を招きます。

導入で匂わせない

教材のリアリティを子供に伝えるための方策は、実は、いたってシンプルです。それは、**いいお話をいいお話として、そのまま伝えること**です。

例えば、授業の導入では、こんな問いかけがなされることがあります。

「『家族っていいいな』と感じるのは、どんなときですか?」

これは、第2章の6、7で述べた「価値への方向づけ」を意図した導入です。こう聞かれれば、子供は、(今日は、家族の大切さについての話だな…)と察します。先が見えてしまう話は、おもしろくありません。それは、授業でも同様です。授業の冒頭では——特に「ブラッドレーのせいきゅう書」のような創作資料を使う場合は——、**その日に学ぶ「価値」を匂わせない方がよい**のです。

現実の生活場面を扱った資料の場合は、「価値への方向づけ」を意図した導入によって、学習課題が明確になることもあります。けれども、創作資料の場合は、逆効果になります。どうしてもお説教っぽくなってしまうからです。

「挿絵からスタート」のよさ

そうならない（お説教っぽくならない）ために有効なのが、前述（14）の挿絵からスタートする方法です。授業冒頭で一番考えさせたい場面のイラストを提示してみましょう。この教材では、ブラッドレーがお母さんからの請求書を読み、涙ぐんでいる場面です。

そして、

「この男の子（ブラッドレー）は、どうして涙ぐんでいるのだと思いますか？」

と問いかけます。

この問いで、子供たちをお話の世界に一気にひきこみます。

『道徳教育』2016年６月号，p.31，井原賢一先生のワークシートの挿絵を基に作成

次に、教材文を読み聞かせます。**あまり感情をこめ過ぎずに、でもあっさりし過ぎず**、ほどよい感覚を大切にして教師が教材文を読んで聞かせます。

18

発問づくりは「矛盾」をつく

小学1年生で討論を

私の最初の著書は、『温かいネタで創る「道徳」授業』（1992年、明治図書）です。この本の中に、「おもちゃの診療所」という実践があります。『サライ』誌（小学館）に掲載されていた「おもちゃの診療所」所長の川戸昭三氏（当時63歳）の記事を基につくった授業です。

「おもちゃの診療所」というのは、壊れたおもちゃを直してくれるところです。母親や父親と一緒に、壊れたおもちゃを大事そうに持った子供たちがやってきます。川戸先生は、ボランティアとしてこの「診療所」をやっています。だから、治療費（修理費）は全て無料です。

私は、この授業で、主発問として、次のように子供たちに問いかけています。

おもちゃの病院（診療所）に、壊れたおもちゃを持ってくる人は、おもちゃを大切にしている人でしょうか？　それとも、あまり大切にしていない人でしょうか？

小学校1年生の1学期に実施した授業です。この発問によって、子供たちは自分の考え（○…大切にしている、×…大切にしていない）をもちます。そして、**そう考えた理由を話し合うことで、1年生なりの実感のこもった討論を仕組むことができます。**

矛盾・乱れ

資料「おもちゃの診療所」には、ある「矛盾」が含まれています。それは次のことです。

「おもちゃの診療所」におもちゃを持ってくる子がいる。その子がここにやってきたのはなぜか。もとを正せば、その子がおもちゃを壊したからである。おもちゃを大切にしている子は、元来、ここには来ないはずである。自分で壊しておきながら、「おもちゃがかわいそう」と言って直しにくることは、矛盾しているのではないか。

この矛盾を考えさせるための発問が、前ページの主発問なのです。

ストーリーの中に矛盾や乱れがあると、私たちは、そこで立ち止まって考えてみたくなります。つまり、**矛盾や乱れがあると、私たちの思考が活性化される**のです。

資料「おもちゃの診療所」に含まれる矛盾は、表面上の矛盾です。子供たちの討論は、「はじめは、あまり大切にしていなかったのかもしれない。でも、こうやっておもちゃを病院に連れてきたのだから、今は大切にしているはずだ」という着地点に落ち着きます。

「ブラッドレーのせいきゅう書」の場合

矛盾をつく発問づくりの技で「ブラッドレーのせいきゅう書」のメインとなる発問を考

えてみましょう。

発問づくりのポイントは、流れの中の矛盾をつくことです。

この話には、二つの矛盾が見えます。すなわち、

①お母さんが請求書に「０円」と書いたこと

②請求書通りにお金をもらったブラッドレーの目が涙でいっぱいになっていることです。

ここに着目すると、次の問いができます。

❶お母さんは、なぜ請求書に「０円」と書いたのだろうか。

❷ブラッドレーの涙の意味を考えよう。

多くの場合、その矛盾が起きた理由を問うことでメインとなる発問が見えてきます。

そして、矛盾をつく発問は、子供の思考を活性化させ、授業を大いに盛り上げます。

発問づくりでは、**このストーリーの中に含まれる矛盾は何か**を考えます。そして、矛盾が見えたら、**そこをつく発問**を考えます。

対話的な学びを進めるとしても、やはり授業の骨格は、発問と指示です。矛盾をつく発問で、教科書教材を使った楽しい授業をつくりましょう。

19

アドバイス発問で人生を語る

発問づくりについて続けます。

その話の中に何らかの矛盾が見えるとき、それは、論じ合うのに適した資料です。

矛盾をつく発問をすることで、子供たちの思考が活性化されます。

しかし、全ての資料がそうなのではありません。伝えるだけでよい資料もあれば、登場人物に自分の姿を照らし合わせて考えさせたい資料（主に生活文）もあります。

登場人物に言葉をかける

例えば、教科書教材ではなく副読本時代の資料ですが、「学校のつくえの中」という資料があります（『みんなでかんがえるどうとく　2年』日本標準、p62〜65）。主人公・た

けしの机の中には、教科書やノートがごちゃごちゃに入っています。先生から、

「プリントを出してください」

と言われても、プリントを見つけることができません。たけしは、べそをかいてしまいました。教科書でも、基本的な生活習慣――特に整理整頓――について学習する教材（節度、節制）では、これと似たような場面がよく登場します。

ここで、

「たけしくんは、今、どんな気持ちでしょうか？」

とは聞かずに――気持ちを直接聞く発問は原則しない――、

「あなたなら、たけしくんに、どんな言葉をかけてあげますか？」

と問いかけてください。これが**アドバイス発問**です。

子供たちからは、
・困ったね。だから、机の中は、きれいにしておいた方がいいんだよ。
・見つかったかな。もし、見つからなかったら、私のプリントを見せてあげるよ。
・次の休み時間に、机の中をきれいに整理整頓しようね。
といった発言があります。

多面的・多角的な見方を

この中で、「私のプリントを見せてあげるよ」という子供の発言は、内容項目で言えば「親切、思いやり」に当てはまります。しかし、ここで「節度、節制」という内容項目にとらわれてはいけません。子供たちの意見を全て受け止めてあげます。

道徳授業では、答えは一つではありません。**その時間で扱う内容項目からは外れた発言でも、認めてあげます。**これも「教科書教材で楽しい授業をつくる」ためには、大切な視点です。

「節度、節制」という一つの内容項目に関わる意見しか認めないのは、徳目主義と呼ばれます。ここでいう徳目とは、内容項目と同義です。子供たちの学びを一つの徳目（内容項目）の枠内に押し込めるのではなく、時には複数の内容項目も扱いながら学習を進めていくのがこれからの道徳授業です。

これが、すなわち、物事を多面的・多角的に考えることです。

ただし、道徳授業には――もちろん、全ての授業には――、指導目標があります。「何でもあり」なのではありません。「親切、思いやり」の角度からの考察を加えながら、最終的には「節度、節制」の大切さを学ばせなければなりません。

理由の中に経験があらわれる

発言が出尽くしたら、その言葉をかけてあげる（アドバイスする）理由を聞きます。

・ぼくも、前に、プリントが見つからなくて困ったときがあったから。
・何か見つからないときに、友達から貸してもらって、助かったしうれしかったから。
・家でも、お母さんから「整理整頓をしなさい」って、言われているから。

理由の中には、子供たちのこれまでの経験がたくさん出されるはずです。たかだか十年ほどしか生きていない子供たちです。でも、子供たちなりの人生経験があります。

経験を語るとは、少々大げさな言い方をすれば、それは自分の人生を語ることなのです。道徳の時間では、自分の人生を語り、友達の人生を受けとめます。そのことによって、**資料と自分自身とがしっかりと結びつき、他人事ではない自分事として考えることができるようになります。**

20

「いい子の意見」をまず認める

若手の先生から、こんな質問を受けたことがあります。

「話し合い活動では、みんなが『いい子の意見』を発表することに終始してしまいます。もっと子供たちが本音で語り合える、議論できる授業にしたいです。どうすれば、話し合い場面で『いい子の意見』ばかりでなく、本音の意見が出るでしょうか？」

例えば、「泣いた赤鬼」の授業で、「青鬼みたいなことはできない」と語ることが本音なのでしょうか。「青鬼みたいに、友達のことを思って行動してみたい」と語るのは、「いい子の意見」なのでしょうか。おそらく子供は、「そのときはそう思う」のでしょう。行動に移せるかどうかは別問題です。少なくとも（たとえ、日ごろの生活態度がだらしない子であっても）、道徳の時間の中では、その子はそう思ったのです。

道徳科では、授業における子供の学びの姿を評価します。もちろん、その後の生活態度への改善も期待したいのですが、そこまでの評価は、1時間の中ではできません。道徳科の目標から見れば、「いい子の意見」を述べた子は、「道徳的価値の理解」はできたと考えることができます。教師は肯定的に子供を見取ることを心がけます。

話し合いには、二つのタイプがあります。一つは、対立する意見を交わす**討論タイプ**（前出18）、もう一つは、相手の考えに共感したりアドバイスをしたりする**対話タイプ**（前出19）です。

討論タイプで話し合いを進めるためには、意見が割れることが条件になります。ここで、意見が割れずに、全員が「よい意見」になってしまうと、話し合いそのものが成り立ちません。けれども、討論を仕組むことが大切なのではありません。つまらぬ葛藤（悩み）などない方がよいのだ、とゆったりと構えてみましょう。

対話タイプの話し合いには、ほっこりとした空気が流れます。相手への反論ではなく、共感できることを認め合う話し合いだからです。「よくなりたい・認められたい」という

子供の素朴な思いを受け止めてあげましょう。

教科書では、問題場面で終わっているのが討論タイプ、結論まで書かれてあるのが対話タイプの教材が多いようです。どちらのタイプなのかを見分けて、授業展開を考えます。

21 実在する人の気持ちは、聞かずに調べさせる

かつては、「実在する人を道徳の教材にしてはいけない」と言われたものです。理由は、その人が今後何か事件などを起こすといけないから…というものでした。それは、確かに一理あります。けれども同時に、今を生きる人から学ぶ授業には、それが実話＝ノンフィクションであるからこそ、迫力があります。

各社の教科書にも、実在する人物を扱ったノンフィクション教材がいくつか掲載されています。特に、２０１８年度版は、東京オリンピックを意識して、スポーツ界のアスリートたちが何人か登場しています。

ノンフィクション教材を使った授業では、**「答えは一つである」**場合があります。

それは、実在する人物の心情を問う発問の場合です。

日本文教出版の道徳教科書『生きる力６年』に、ノーベル生理学・医学賞を受賞した山

中伸弥さんの教材「ｉＰＳ細胞の向こうに」があります。

２０１２年に見事ノーベル賞に輝いた山中さんですが、それまでの研究の道のりは決して平坦なものではありませんでした。研究がうまくいかずに、くじけそうになったこともあったと言います。

その場面を取り上げて、

「山中先生は、そのときどんな気持ちだったでしょうか？」

「山中先生が、あきらめずに研究を続けたのはなぜでしょうか？」

と教師が発問したら、どうでしょう。

その答えは、山中さんが握っています。本人がおっしゃることが正解なのです。

このように、ノンフィクション教材の授業で、実在する人の気持ちを問うのはあまり意味がありません。あれこれ話し合わず、本人に（または書物で）確かめるべきなのです。

例えば、この教材では、次の発問が子供たちの学びを深めるのに効果的です。

「あなたは、研究を続ける山中先生の姿から、何を学びましたか？」

ノンフィクション教材では、実在する人物の気持ちではなく、**これからの自分の人生に何を生かせそうか**を考えさせます。

22 心に残った場面を問う

命の大切さを伝えるノンフィクション教材があります。心が震えるような話であれば、それは伝えるだけで十分なのです。

例えば、歌手・森山良子さんの「涙そうそう」を扱った授業です（日本標準・道徳副読本『みんなで考える道徳６年』ｐ23〜）。

この歌には、若くして亡くなられた森山さんのお兄さんへの想いが込められています。

教材文を読んだ後に、

「このとき、森山さんは、どんな気持ちだったでしょうか？」

などとは、間違っても聞かないでください。

歌詞の内容を十分に理解させた後は、

「どんなところが、一番心に残りましたか？」

と、子供たちに問いかけます。これで十分なのです。

子供たちからは、

・森山さんが星空を見上げて、お兄ちゃんに語りかけている場面

・この歌を聞いたたくさんの方々から励ましやお礼の手紙が届いたこと

など、様々な場面についての発表があります。

教師は、子供たちの発表を聞きながら、場面（または内容）ごとに、それらを板書で整理していきます。

発表を終えたら、森山さんの思いを共有する話し合いを行います。

「友達の発表で、もっと聞いてみたいことはありませんか？」

「友達の発表を聞いて、『なるほどな』と思ったことはありませんか？」

これが、思いを共有させるための発問です。

教科書にも、大震災を扱った教材や限りある命を精一杯生きた子供の話などが掲載されています。それらは、「涙そうそう」と同じく、伝えるだけで十分な内容になっています。

討論するだけが話し合いではありません。互いの思いを共有することも、討論と同様に——時には、それ以上に——大切な話し合いなのです。

23

時には即実践へ結びつく授業を行う

これまでの道徳の時間では、「道徳は心の種まきの時間」と言われることがありました。道徳科になっても、それは当たっている部分があります。

とはいえ、せっかく授業を行うのですから、毎時間でなくても――せめて35時間中の数回は――即実践へと結びつく授業をしてみたいものです。

そこで、終末段階での教師の働きかけをひと工夫してみます。

その日の下校までにすぐ実行

例えば、内容項目B「礼儀」の授業で、気持ちのよいあいさつをかわすことの大切さについて学習しました。

授業の終末で、次のように話します。

「今日、帰るまでに、10人の人にあいさつをしましょう」

教師が指示するだけでなく、だれとあいさつができるか、どんなあいさつがあるかなどについて、子供たちに話し合わせます。

そして、その日の帰りの会などで時間を取って、だれとどんなあいさつをしたかを書かせます。そのときの気持ち――さわやかな気持ちになったはずです――について感想を交流しましょう。

道徳の宿題として

内容項目Ｃ「家族愛、家庭生活の充実」には、家族の一員として家族の役に立つことが示されています。

この授業の終末では、

「今日、家に帰ってから、どんなお手伝いができますか？」

と問いかけます。

この場合も、教師から言うだけではなく、子供たちから考えを引き出します。そして、今日の道徳の宿題として、「お手伝い」を出します。

どんなお手伝いをしたかについては、日記帳や自主学習ノートに書いてきます。家の人からのひと言をもらえれば、**道徳授業を通じた家庭との連携が生まれます。**

第4章

リアルとファンタジーを見極めた授業構成がもっとうまくなる7の技

24

教材の背景にあるリアリティを見抜く

道徳の教材は、二つに大別することができます。一つはノンフィクション（実話）教材、もう一つはフィクション（創作）教材です。私は、これをリアルorファンタジーという言葉で区別します。どちらの教材を使ったとしても、道徳授業が白々しくなるのは、**そこにリアリティが感じられないから**です。

子供たちに不人気なのは、生活文教材です。場面は、学校生活。登場人物も、実在するかのような名前の子供たち。でも、内容的には、お説教くさかったり、ありえないようなよい子の行動だったりします。生活文教材を使った授業で、子供が一生懸命に道徳の本を読んでいるなと思って見てみたら、別のページを読んでいた…、なんて経験はありませんか。場面設定は現実の生活（リアル）なのですが、**内容にリアリティがない**――つまり、うそっぽい――のです。

一方、ファンタジー教材を用いても、子供たちが真剣になって学び、白々しさとは無縁の授業があります。例えば――再び例にあげますが――、童話「泣いた赤鬼」を教材とした授業です。このお話に対して、

「鬼と人間は、会話ができるのでしょうか？」

と問うのはナンセンスです。「泣いた赤鬼」は、ファンタジー作品です。ファンタジーの中にリアルを持ち込むのはルール違反です。

けれども、ファンタジー作品である「泣いた赤鬼」の中には、**共感できるリアリティ**がたくさんちりばめられています。人間と仲良くなりたいと願う赤鬼の気持ち。友達のために自分ができることをしてあげたいと思う青鬼の思い。もうここにはいられないと決め、遠く旅に出る青鬼の行動。そして、友を思い泣き崩れる赤鬼の姿などです。

リアリティが学習者である子供たちの心に迫ってきたとき、白々しさとは無縁の本気で考える授業が成立します。教師は、まず、教材に謙虚な気持ちで――「これは、内容項目「〇〇」を教えることになっている教材だ」などという先入観はもたずに――向き合います。そして、教材の背景にあるリアリティを見抜き、そのリアリティを子供の心に伝えるための授業を構想します。

25 ファンタジーの世界を壊さない

人気の定番教材

道徳科の教科書には、「定番」と呼ばれる教材がかなりの割合で掲載されています。例えば、次のような教材です。

・1、2年生　「はしの上のおおかみ」「きんのおの」
・3、4年生　「花さき山」「ブラッドレーのせいきゅう書」
・5、6年生　「銀のしょく台」「手品師」

これらの教材は、全てファンタジー作品です。「定番」と呼ばれ、長きにわたって愛されてきた教材には、それ相応のよさがあるはずです。そのよさとは、**ファンタジーの世界**

から伝わるリアリティにあります。

「手品師」の場合

「手品師」は、ファンタジー作品です。この話にリアルも持ち込んで読めば、矛盾だらけになってしまいます。

手品師は、パンを買うお金もないのに、自宅に電話を取りつけ、料金を支払っています。また、暇で散歩をしていただけなのに（手品のタネをもっていないのに）、偶然に出会った少年に手品を披露することができます…等。

「手品師」は、このような**矛盾を探すための教材ではありません。**つまり、ファンタジーの世界を壊さないように、いいお話をいいお話として子供たちに伝えるべきなのです。

「定番」と呼ばれ、来年度からの全ての教科書に掲載されている教材には、愛される（愛され続ける）だけの理由があります。その理由――つまり、これが、子供に伝えるべきリアリティです――を授業者がそれぞれに理解し、子供たちの心に残る授業を構想しなければなりません。

26

ファンタジーを壊さずに人物に共感させる

ファンタジー教材には、独特の温かさが感じられます。ファンタジーの世界に浸る心地よさを味わうことができます。ファンタジー教材を扱う場合、まず、**教材の中のリアリティに着目します。**ファンタジーの世界にリアルを持ち込むのではなく、その世界に含まれるリアリティを子供たちに伝える術を考えるのです。

再び「手品師」の例で言えば、

①手品師が取るべき行為を問う＝リアルの持ち込み

②手品師が少年との約束を選んだ理由を考えさせる＝リアリティの伝達

ということになります。

①の場合の発問は、

「手品師は、どう**すべき**でしょうか？」

となります。状況を検討すれば、何らかの方法で男の子に連絡を取り、大劇場に一緒に連れていく（または、誰か別の人に連れてきてもらう）べきでしょう。これなら、手品師の夢も男の子との約束も同時に果たすことができます。

②の場合の発問は、

「手品師は、なぜ大劇場には行かずに、男の子のところへ行ったのでしょうか？」

となります。すると子供たちからは、手品師の優しさや誠実さに関する意見が出されます。

①と②を融合させたような展開もできます。最初の問いで、手品師が選択できる行為について考えさせます。

「手品師の行動として、どんなことが考えられますか？」

こう問うことで、手品師が取りうる行為が複数出されます。当然、「男の子に連絡を取る」という考えも出されます。そうした可能性も確認した上で、

「それでも手品師は、男の子のところへ行ったんだよね。どうしてだろう？」

と問います。この展開ならば、手品師の行為を否定せずに（ファンタジーを壊さずに）、手品師の思いに共感させることができます。子供たちが手品師に共感する思い――。すなわちそれが、「手品師」のリアリティなのです。

27

序章であらすじを示す

教材を途中で切らない

いいお話をいいお話として子供たちに伝えるためには、**教材を途中で切って前半・後半に分けて提示する方法はＮＧ**です。

もちろん、道徳科の授業で教科書教材を使う場合は、子供たちの手元に教材の全文があるわけですから、「教材を途中で切って提示」という手法そのものが成り立たなくなります。

いいお話を一つの作品として、そのまま提示します。

小学校道徳『生きる力６』（日本文教出版）より
イラスト：佐川明日香

絵から想像させる

この考えに立って授業を構成する際、授業の序章でお話の概略（あらすじ）を子供たちに話す方法が有効です。

まず、「葛藤場面」と呼ばれることの多い登場人物が悩んでいる場面の絵などを提示します。これは、前述（14）の「挿絵からスタートする方法」と同じ手法です。

「手品師」の場合は、友人からの電話を受けて「大劇場に行くか、男の子との約束を優先するか」を考えている場面ということになります。

授業では、教科書（副読本）を開く前に、

前ページの絵を提示します。

そして、

「手品師は、どんなことに悩んでいるのだと思いますか?」

と問いかけます。

ここは、絵から想像できるストーリーの発表です。子供たちの柔軟な発想を引き出しながら、楽しく展開しましょう。

中に、話の展開を知っている子がいてもよいのです。

そのときは、

「道徳の本の予習をしたんだね」

とほめてください。

次は、子供たちからの発言を生かしながら（つなぎ合わせながら）、教師があらすじを紹介します。

ここで、手品師が大劇場には行かずに男の子との約束を優先した「事実」をしっかりと伝えます（ファンタジーの中の「事実」という意味です）。

これで、「手品師」という一つの作品をいいお話として伝える下準備の完了です。

この後は、この挿絵が教科書の何ページに載っているかを子供たちに聞き、教材文を教師が読み聞かせます。

または、国語の音読のように、子供に読ませる方法もあります。

28

美しいラストシーンへつなげる

道徳授業にまとめはいらない。余韻が残ればそれでいい。

これは、道徳授業づくりにおける私の持論です。

余韻の残し方は様々です。教師の話（説話）で終わる。絵本を読み聞かせる。授業のテーマに合った曲を聴いたり、歌を歌ったりして授業を閉じる。

いずれにしても、授業が終わったときに、教室が何とも心地よい雰囲気に包まれます。

「手品師」のストーリーは、「町の片隅で男の子を前にして手品を披露する手品師」でエンディングを迎えます。手品師の後ろ姿が、これからの手品師の明るい未来を後押ししているかのようです。そして、きっと優しい微笑みを浮かべているであろう手品師の表情が想像できます。

授業の終章では、左の場面絵を載せたワークシートを配付し、「ぼく・わたしの手品師」

小学校道徳『生きる力６』（日本文教出版）より　イラスト：佐川明日香

を完成させます。手品師の気持ちを想像しながら、最後の一文「…手品を披露していました」に続く文章を書くのです。例えば、ある子は、

「これでいい。チャンスはまたやってくるさ」

そうつぶやくと、手品師は優しくほほえみました。

と書きました。

子供たちは、男の子との約束を守り、その笑顔を自分の喜びとしている手品師の姿に感銘を受けます。そして、「自分もそんな生き方ができたらいいな…」という思いをもち、その後の手品師の明るい未来を願います。そんな子供たちの思いが一つになり、授業に温かい余韻が残ります。ファンタジー作品「手品師」のリアリティが、ここにあります。

ファンタジーの中のリアリティを伝えることができたとき、**ラストシーンは美しくなります。**

29 リアルな世界でファンタジーを感じ取らせる

旧暦の8月15日は、中秋の名月です。お月見というと9月のイメージがありますが、暦の関係で様々です。ちなみに、２０１７年は10月4日、２０１８年は9月24日が旧暦の8月15日、中秋の名月が見られる日です。

月は、月齢０で見えなくなり（新月）、月齢15に近づくと最も大きく見えます（満月）。ただし、月の満ち欠けがきっちり1日単位ではないので、必ず満月になるわけではありません。中秋の名月とは、誤差があります。月の形が変わって見えるのは、月と太陽の位置関係が変わるからです。月にうさぎはいません。うさぎがもちをついているように見える模様は、月面のクレーターです。これが、**科学的な根拠、すなわちリアル**です。

けれども、日本人は、昔から旧暦8月15日を「中秋の名月」と呼び、お供え物をして収穫の喜びを表してきました。日本最古の物語とされる『竹取物語』では、かぐや姫は8月の満月の日に「月の都」に帰っていきます。これが、**日本人が大切にしてきた風習や発想、すなわちファンタジー**です。

お月見で授業をつくる

お月見のような年中行事をする人は年々減ってきているのかな…と思っていたら案外そうでもないようです。新聞のアンケート結果では、約45％の人が「お月見をする」と答えています（朝日新聞『be』２０１３年9月7日より）。せわしなく暮らしている現代人のことを考えれば、これは意外と高い数値です。

6年生の2学期、理科「月と太陽」の単元で、月の満ち欠けや満月（十五夜の月）について学習します。理科で学んだ知識を道徳の時間に生かしてみましょう。

授業では、まず、黒板に「9月10日」と書きます（２０１８年バージョン。この日を入れて15日後が中秋の名月）。

「何の日でしょうか？」

と聞くと、子供たちは、教室のカレンダーを見たりしながらあれこれ考えている様子です。

続けて、もう一つ月日を書きます。

【9月10日　→　9月24日】

黒板にこう書いたら、

「9月10日も入れて、何日経ちましたか？」

と聞きます。指を折って数えてみると、15日です。これがヒントであることを伝えると、気づく子がいるはずです。月齢0の新月が9月10日、十五夜は9月24日になります。6年生に実施する場合は、この年の実際の満月は、翌日の9月25日であることも伝えます。

次に、旧暦8月15日の月を「中秋の名月」ということを知らせ、中秋の名月の写真を提示します。

「中秋の名月にお月見をしますか（しましたか）？」

と子供たちに聞いてみると、中には、お月見とは何をすることなのかを知らない子もいます。事前に、お月見の写真（お団子やススキのお供えなど）を資料として準備しておきましょう。そして、お月見は本来、収穫祭の意味があったことを伝えます。

ここで、お月見のアンケート結果を提示します。

Q　十五夜にお月見をしますか？

Ａ　はい45％　　いいえ55％

この結果に対する感想やお月見をする理由などを話し合います。

お月見のように、一年間の決まった時期に行われる行事を「年中行事」ということを伝えてから、日本には、お月見のほかにどんな年中行事があるかを問います。

子供たちからは、お正月の初詣、節分の豆まき、お盆のお墓参り、大晦日の除夜の鐘…などが出されます。

年中行事の具体例を確認したら、次の発問をして、昔から伝わる年中行事の意義について考えさせます。

「日本人が、昔から年中行事を大切にしてきたのは、なぜでしょうか？」

この問いで、子供たちから、**自然への感謝の気持ちや日本人の繊細な感性についての発言を引き出します。**

この授業では、科学的知識と日本古来の考え方とが合致して、子供の学びの意欲を高めます。内容項目Ｃ「伝統と文化の尊重」を学ぶ授業です。受け継がれている我が国の伝統や文化を尊重する態度を育てます。

30

いいお話をいいお話として子供たちに伝える

この章では、道徳教材のリアルとファンタジーについて述べてきました。

ファンタジー教材を使った授業では、いいお話をいいお話として子供たちに伝えます。子供たちは、ファンタジー教材の背景にあるリアリティをそれぞれに感じ取ります。それが、白々しい授業から脱するためのシンプルかつ有効な技です。

ファンタジー作品にリアルを持ち込むのはNGです。お話が壊れてしまうからです。

低学年の定番教材に「かぼちゃのつる」があります。かぼちゃのつるが畑の外に伸びていって、人の通る道や他の畑にまで進出してしまいます。「わがままなかぼちゃ」という設定です。

この教材を使った授業で、1年生が、

「だって、かぼちゃのつるは大きくなればどんどん伸びていくのだから、仕方ないじゃない」

と発言したという話を聞いたことがあります。授業者は、困って、そのまま「スルー」したそうです。

この発言をした子は、リアルな視点で教材を読んだわけです。この子の読みが悪いのでは、もちろんありません。そういう視点を与えた授業が悪いのです。

おそらく、導入段階で、例えば、

「わがままなことをして注意されたことはありませんか？」

というような「価値への方向づけ」を行ったのでしょう。

授業の最初にリアルモードの発問が来れば、子供は当然リアルな視点で教材を読みます。

原因は、**教師が導入段階でファンタジーの世界を壊した**ことにあります。

ノンフィクション教材を使った授業では、そこ（リアルな世界）にファンタジーを感じたとき、子供たちは「人間って、いいな。生きていくって、いいな…」という思いを抱きます。

「困ったときどうするか」を悩ませるのが道徳授業ではありません。

子供たちに、人の世の温かさ・すばらしさを積極的に伝えていきましょう。

その教材は、リアルかファンタジーか。
それを見極めて授業を構成する技をしっかり身に付けてください。

第5章

道徳の授業の幅を広げることが\もっと/うまくなる7の技

序　貧弱な思い出に頼らない

経験なきこと

あなたがはじめて子供たちの前に立った日、「朝の会」をどのように進めましたか。

まずは、朝のあいさつ「おはようございます」。次に、自己紹介をして、健康観察でしょうか。数日すると、朝の会のメニューに、「朝の歌」や「1分間スピーチ」などが加えられていったかもしれません。きっとそれは、教師であるあなた自身が、子供の頃に経験した朝の会の風景であったはずです。

例えば、

「アンドレのような男がやってきた」

という文を読んでその様子を理解できるのは、「世界の大巨人」と呼ばれた身長２２３㎝のプロレスラー、アンドレ・ザ・ジャイアントを知っているからなのです。

それが直接か間接かの違いはあれ、私たちは、自分がこれまで経験したことを基にして、何かを考えたり、想像したりします。

道徳授業を受けてきていない教師たち

道徳の時間が誕生してから、すでに、半世紀以上の月日が流れています。それにもかかわらず、未だに「道徳授業のやり方がわからない」という教師の声が聞かれます。

なぜなのでしょうか。その大きな理由の一つは、**教師自身がきちんとした道徳授業を受けてきていない**ことにあります。つまり道徳授業を受けた経験が乏しいのです。または、受けてきたとしても、その内容が貧弱なのです。

私は、地元の大学で、教員を目指している学生に、年に一回「ゲストティーチャー」として道徳授業づくりの講義をしています。講義の冒頭で

「あなたが小中学校で受けた道徳授業の中で、覚えている授業はありますか？」

と聞いてみると、何人かの学生から、ＮＨＫの番組名や『心のノート』についての発言があります。一方、他の多くの学生からは、「遠足とかの話をした」「学級で問題が起こったときの話し合いをした」というような、笑えない思い出が出されます。

もちろん、テレビ番組や『心のノート』を全面的に否定するつもりはありません。けれども、「道徳教育の要」である道徳授業が、それだけしか心に残っていないという現状は、嘆かわしいことです。教員養成課程の学生でこのありさまですから、他の学部には、道徳という授業があったことすら記憶にない学生も少なくないのかもしれません。

しかし、中には、自分が学んだ授業内容（教材等）を鮮明に覚えている学生もいます。２０１７年度の講義の際には、「『夢をかなえるゾウ』（水野敬也、飛鳥新社）という本を使った授業を受けました」と話した学生がいました。

また、以前の講義では、東日本大震災での避難所での出来事やスポーツ選手のエピソード、新聞記事（投書や写真）などを教材にした授業を受けたという発言もありました。

学生の発言からわかるように、これまでも道徳授業に熱心に取り組んできた教師はたくさんいるのです。けれども、残念ながらそうではない教師も同じくらいたくさんいることも事実なのです。

偶然をチャンスに変える

これから数年は、大量のベテラン教師が定年退職を迎え、新規採用教員が増え、教育界の若返りが図られます。道徳授業に関して言えば、自分が小中学生のときに道徳の授業を受けてこなかった若い教師が増えるということです。

けれども、これは、考えようによっては望ましい状況と言えます。

学校現場で道徳授業がきちんと実施されてこなかった要因として、教師も子供も道徳授業に魅力を感じてこなかったことがあげられます。教師がそんな思い出に頼って授業を行っていたら、再び魅力のない授業が量産されてしまいます。

2018年度は、道徳科元年です。これは、道徳授業が生まれ変わるチャンスです。

道徳授業の再スタートの年に、乏しい思い出は忘れ去って、**自分の感性を信じて道徳授業の新しいイメージをつくっていくことが必要**です。

若い先生方のフレッシュな感性を、ぜひ道徳授業づくりに役立ててください。

31

定番を崩す

3枚の写真を使った授業

まず、この写真を見てください。人がたくさんいます。何かのお祭りのようです。菊の花がかざってあります。これは、毎年秋に福島県二本松市で開催されている菊人形祭りの様子です。この写真の中に、ある優しさが隠されています。何だかわかりますか?

これは、小学2年生に実施した道徳授業の最初の場面です。

子供たちからは、

・花を見ている人たちの顔が優しい
・菊でつくられた人形が優しい顔をしている
という考えが出されました。

では、少し近づいて見てみましょう。足元に注目してください。何か敷いてありますね。

これは、ベニヤ板です。ある優しさの答えは、敷き詰められたベニヤ板なのです。

では、どうして、「ベニヤ板が優しい」のでしょうか。
子供たちから最初に出されるのは、
・ベニヤ板が敷いてあるところは、砂利道じゃなくなるので歩きやすくなる。
という考えです。さらに、話し合いを進めていくと、
・ベビーカーを押しているお母さんも、家族といっしょにお祭りに行ける。
・車椅子を使っている人も、この板の上なら通ることができる。
という意見が出されます。

これは、足元をアップにした写真です。話し合いの後にこの写真を見せたところ、
「本当だ。板がきれいに敷いてある」
「これを考えた人は、すごいね」
という声が子供たちから聞かれました。

「導入なし」が効果的

この授業は、写真の提示から始まります。導入は、ありません。最初から、前置きなしで資料に入ります。

写真等の視聴覚資料には、提示した瞬間に子供たちをひきつける力があります。これは、**文字情報よりも視覚的な情報の方が、子供がより早く情報を受け入れられる**ことを示しています。

ですから、視聴覚教材を使う場合は、導入なしで授業に入った方が、授業のテンポがよくなり、その後の授業展開もスムーズにいくことが多いのです。

読み物資料を使った場合でも、資料中の挿絵などを最初に提示して、導入部分を省略した形で授業を進めることも可能です。

定番を崩す

導入から始めるのは、授業の定番です。定番には、ある種の安心感があります。

例えば、行き慣れたスーパーマーケットであれば、（こちらの入り口から入って、最初に野菜コーナーへ。次に左回りで進み、お魚コーナーで刺身を見て、最後にお肉のコーナーへ…。）というような定番の流れがありませんか。でも、たまに別のお店に行ってみると、陳列の場所に少しの戸惑いを覚えながらも、いつもとは違った新鮮な感じがするものです。

授業にも同じことが言えます。必ず導入が必要なのではありません。時には、前置き（導入）なしで、**スパッと資料に入っていく授業も心地よいもの**です。定番を崩して、子供たちを一気に授業にひきこみましょう。

32

導入に意外性をもたせる

先が読めないワクワク感のある導入を紹介します。

授業の最初に上の写真を提示します。チキンライスの写真です。子供たちからは、すぐに「食べたことがある」「お母さんがつくってくれるよ」という明るい声が返ってきます。

それに対して「どんな味がした?」「つくり方わかる?」というふうに子供に問い返していきます。そして、チキンライスは安い材料費で簡単につくれることを確認します。

次に、「ひとし君の話」をします。

「ひとし君はレストランに連れて行ってもらうと、いつもチキンライスを頼んでいました。どうしてだと思いますか?」

子供たちからは、最初、「チキンライスが、すごく好きだから」という返答がありました。けれども、話し合いを進めていくと、「家の人に遠慮して、安いメニューを頼んでいたのかな…」という意見が出されました。

この出典は、松本人志さん作詞・槇原敬之さん作曲の「チキンライス」という歌です。歌っているのは、浜田雅功さんと槇原さんです。松本さんが幼いころ、外食に行くと親に遠慮していつもチキンライスを頼んでいたというエピソードを基につくられた楽曲です。

チキンライスの写真を提示すると、チキンライスに関係する発言がたくさん出されます。子供たちの表情からは、（チキンライスの写真が出てきたけど、今日の道徳は、どんな勉強なんだろ…）というワクワク感が伝わってきます。

結末が見えてしまう話は、おもしろくありません。**導入の段階でその日の授業のゴールがわかってしまうのでは、学ぼうとする意欲がそがれてしまいます。**チキンライスの写真から始まった授業は、実は、親孝行について考える授業だった…。この、先が読めない展開が、何とも魅力的なのです。

これが、意外性のある資料提示による導入です。**意外性と同時に、その資料の中には、授業のテーマに迫る大切な「鍵」が隠されている**のです。

33

物の後ろに見える人の心に注目させる

シャンプーのボトルに注目してみると…

本稿をお読みになる前に、お風呂場（または洗面所？）に行って、シャンプーとリンスのボトルをよく見てきてください。そして、シャンプーボトルの側面を触ってみてください。

気づかれましたか？

シャンプーボトルの側面には、刻み（ギザギザ）がついています。

この刻みのおかげで、目が不自由な人も、さわっただけでシャンプーとリンスを識別できるようになりました。

私は、『婦人之友』１９９４年７月号（婦人之友社）を読んで、この刻みのことを知りました。今から、20年以上も前のことです。

『婦人之友』は、文字通り婦人向けの雑誌です（私の愛読書というわけではありません）。新聞の広告欄に、その月の『婦人之友』の広告が載っていました。特集に**「障害者と共に」**とあります。

私は、道徳授業のテーマの一つとして「福祉」を考えていました。だから、福祉に関する特集が組まれている雑誌には、できるだけ目を通していました。その特集の中に、シャンプーボトルの刻みのことが書かれてあったのです。

お尋ね作戦

この刻みをつけることになった経緯やその際の経費、メーカー間の取り決めなどは、どのようになっているのでしょうか。知りたいことがたくさんあります。

私は、大手メーカーである「花王」に問い合わせてみました。すると、数日後に「花王」消費者交流センター（現・消費者相談センター）の方から、お返事が届きました。次のような内容でした（要点のみ）。

①刻みの経緯

刻みをつけたのは、1991年秋。目が不自由な妹さんをもつ方からの一通の手紙（触っただけで識別のできる容器はできないでしょうか）がきっかけである。

②刻みをつける経費

容器をつくる際には、金型が必要。形状を変えると2種類の金型が必要になり経費もかさむ。けれども、消費者の方々に使いやすく満足の得られる商品を提供するのは、メーカーの義務だと考えている。

③メーカー間の取り決め

実用新案の権利を放棄して、各メーカーに協力を呼びかけてきた。その結果、現在では多くのメーカーから賛同を得て、ほとんどのシャンプーに刻みがついている。

シャンプーボトルの刻み誕生の背景には、**たくさんの人の願いや努力**があったのです。

授業をつくる

この場合、シャンプーボトルは、一つの資料（素材）です。資料を準備しただけでは、まだ授業はできません。資料をどの場面で、どんな発問・指示と一緒に提示するのか。それが決定されて、はじめて資料が教材へと昇華されるのです。

私が構想したのは、**子供たちを追究へと向かわせるオープンエンドの授業**です。

授業は、教師の手品から始まります。まず、教師が、アイマスクをします。一人の子が「アシスタント」としてシャンプーかリンス、いずれかのボトルを教師に渡します。教師は、アイマスクをしたまま、シャンプーかリンスかを当てます。同じ手品を数回行った後、手品のタネを考えます。実際に子供にアイマスクをさせて実験したり、ボトルを触らせたりしてタネあかしをしていきます（前ページの写真は、当時の授業の様子。まだデジカメが普及していなくて、フィルムを現像していました。平成初期のなかなか趣のある？　写真です）。
次に、ボトルの製造方法や経費について考えます。片方のボトルに刻みをつけると、新しい別の金型が必要になり、経費がかさんでしまいます。このことを確認した上で、次のように問います。

「お金がかかるのに、なぜシャンプーのボトルに刻みをつけたのでしょうか？」

話し合いの後、「花王」からいただいた手紙を読み聞かせます。目が不自由な妹さんをもつ方からの手紙。それに応えようとした「花王」の企業姿勢。そして、それを業界全体の共有財産とした各メーカーの方々。心温まるエピソードばかりです。
授業では、他に、電話機の「5」についている凸について紹介しました。いくつかの例を知らせると、子供たちは、自分で追究へと向かうようになります。翌日の日記には、お札、テレビのリモコン、公民館のスロープなど、たくさんの追究結果が書かれてありました。

物（実物）の後ろに見える人の心に注目させた授業です。

福祉の授業を行うとき

各社の道徳教科書にも、福祉を取り上げた教材がいくつか掲載されています。障害のある人もそうでない人も共に生きる社会（共生社会）について学ぶのは、重要なことです。けれども、実在する方を授業で取り上げる際には、プライバシーに十分配慮し、子供たちに誤解を与えることのないように細心の配慮が必要です。**くれぐれも、「あの人は障害があるのにすごい…」というような短絡的な思いをもたせてはなりません。**

そこで、福祉の学習の入り口として、**子供たちの身近にある優しさ**に注目させてみましょう――本章の31で紹介したベニヤ板も、同じ視点からの教材開発です――。

一つの商品開発には、たくさんの方々の思いが込められています。物には、人の心が宿ります。これは、日本人が古くから大切にしてきた考え方です。

34

ネタの旬を生かす

私は、新しいクラスを担任すると、12月に必ず実施していた授業があります。

サンタクロースはいるの？

今から100年ほど前、

「サンタクロースっているんでしょうか？」

と、新聞社に手紙を出した少女がいました。

少女の名前は、バージニア。当時、8歳でした。

この質問に、ニューヨークのサン新聞は「社説」で答えました。

この世の中に愛や人への思いやりや真心があるのと同じように、サンタクロースもたしかにいるのです。


「サンタクロースはたしかにいるのです」と答えたこの「社説」は、今もなお多くの人々に、夢をもって生きることのすばらしさを伝えています。

サンタクロースの存在は、子供たちにとって、夢であると同時に疑問でもあります。

そこで、まず、

「サンタクロースはいるのでしょうか?」

という問いを直接投げかけてみます。

6年生に実施したところ、次のような結果になりました。(児童25名)

●いる…15人

・サンタクロースは、信じている人にだけ見えるのだと思う。「いるわけない」と思っている人には絶対に見えないと思う。

・信じている人は、見えなくても「いる」ということをみんなに伝えたかったのだと思う。見えないから「いない」という考え方はもってほしくないと思ったのかもしれない。

●いない…10人

・サンタクロースは、一晩で世界中の子供たちにプレゼントを配るんだけど、それは無理だと思う。

・小さいときに、お父さんとお母さんに「サンタクロースは、お父さんとお母さんだよ」って言われたから。

発表の後、

「自分の反対の立場の意見を聞いて、どう思いましたか？」

と尋ねました。これは、**相手への反論ではなく、共感を求める問い**です。

話し合いを進めていくと、子供たちは、

・「プレゼントをくれるサンタクロース」の存在

・「心の中にいるサンタクロース」の存在

の二つを、区別して考えることができるようになります。

ここで、サン新聞社の「社説」を読み聞かせます（「社説」は、『サンタの友だち　バージニア』（村上ゆみ子著、東逸子絵（偕成社））という本に全文が掲載されています）。

読み終えたら、クリスマスにちなんだ曲を聴いて授業を終えます。６年生に実施したときに私が選んだのは、山下達郎さんの「クリスマス・イヴ」です。

この授業を最初に実施したのは、１９９５年のことです。佐藤幸司著『温かいネタによる「道徳」教材開発』（１９９６年、明治図書）にそのときの授業記録が収められています。

以来、小学1年生から中学3年生まで、多くの先生方から追実践してもらっています。低学年であれば、終末で「ジングルベル」などの定番のクリスマスソングをみんなで歌うのもいいでしょう。楽しい雰囲気で授業を閉じることができます。また、この時期は、クリスマス関連の絵本がたくさん書店に並びます。書店に足を運んで――教育書コーナーばかりに行かずに――、ちょっと絵本コーナーに立ち寄ってみてください。先生からの絵本のプレゼントがあれば、子供たちも大喜びです。

それぞれの学年で、子供たちの思いのこもった授業ができる教材です。

35

資料から安易に離れない

よく見られた光景

「道徳の本をしまいましょう」

教師のこの指示で、子供たちは、道徳の本（副読本）を一斉に机の中にしまいました。全員が本をしまったことを確認してから、教師は次のように問いました。

「では、ここからは自分ことを振り返りましょう。皆さんは、これまで同じようなことはありませんでしたか？」

これは、「基本型」における「展開の後段」＝自己を見つめる場面でよく見られた光景です。資料の内容から離れて、自分自身のこれまでの行動について考えさせます。だから、資料は不要。不要なものは、机の上には置かないのが原則…という考え方です。

けれども、この学習場面において、資料はそんなに邪魔なのでしょうか。

資料があると、自分を見つめることができないのでしょうか。

自己を見つめるとは

「自己を見つめる」とは、要するに、自分のこととして考えることを意味します。

資料を読んで話し合った後で、

「自分には関係がない」

「立派だとは思うけど、自分には無理だ」

となってしまっては、道徳の学習は成り立ちません。資料が示している道徳的な価値を自分のこととして、受け止めなければなりません。

そのため、**いったん資料から離れて、これまでの自己を見つめることで、他人事ではない自分事として考えさせようとした**わけです。「基本型」における「展開後段」の意図は、ここにあります。

資料が子供たちの生活に密着した内容である場合には、自然な流れで「展開後段」が行われることもあります。けれども、「展開後段」に入った途端に、さっきまで盛り上がっていた授業が、急に失速してしまった…という経験はないでしょうか。「展開後段」がうまくいかないのは、若手教師に限らず、多くの教師が抱えている悩みなのです。

資料から離れずに

自己を見つめること（自分のこととして考えること）は、大切な学習活動です。けれども、その方策は、資料から離れてこれまでの自分を振り返らせることだけではないはずです。「展開の後段」という枠組みが大事なのではありません。**資料が示す内容をいかに自分のこととして考えることができるかが大事**なのです。

そこで、資料から離れるのではなく、資料と自分を結びつけて思考できるような授業展開を考えてみましょう。そのためには、**「展開の前段」（資料を読んで考える段階）で、子供が自分の経験を語るような発問や指示をします。**

例えば――これも前項で紹介した「サンタクロースはいるの？」と同じく12月が旬の授業ですが――、「赤鼻のトナカイ・ルドルフ」の授業です。

霧が深かったある年のクリスマス・イヴに、ルドルフはサンタクロースから道案内を頼まれます。

「暗い夜道はピカピカのお前の鼻が役に立つのさ！」

トナカイたちの先頭を走るルドルフは、とてもうれしそうです。

ここで、子供たちに、

「ルドルフは、どうしてこんなにうれしそうなのでしょうか？」

と聞いてみます。

すると、

「大好きなサンタさんから、大切な仕事を頼まれたから」

「みんなといっしょにサンタさんのそりをひいて走ることができたから」

という返答があります。

「仕事を頼まれるのは、大変じゃないのかな？」

と問い返すと、子供たちからは、先生や家の人から何かを頼まれたときの経験が、次々と出されます。
・仕事は大変だけれど、声をかけてもらって頼まれるとうれしい。
・仕事が終わった後で、「ありがとう」って言ってもらうとまたうれしくなる。
・友達といっしょに仕事をすると、楽しくなる。
・なんだか頼りにされているっていうのがうれしい気がする。
子供たちの発表が出尽くしたら、また資料に戻ります。

この流れが、自然なのです。

資料を基にした話し合いの中で、自分の経験を語ります。そして、また資料へと戻ります。その繰り返しの中で、子供たちは資料中の人物に共感したり、批判的なものの見方を学んだりしていきます――これが、最近、よく見聞きするようになった**「自我関与する」**ということです――。

何のために

「展開後段」の存在意義は、子供たちに資料が示す内容を自分のこととして考えさせることにあります。

無理に資料から離れなくてもよいのです。子供たちは、自分の経験を語ることによって、自分と資料とを結びつけて考えることができるようになります。

道徳授業の中で経験を語るという経験を積み重ねていくと、ある変化に気づくようになります。学級の雰囲気が温かくなってくるのです。

経験を語るとは、少々大げさな言い方をすれば、それは**自分の人生を語ること**なのです。たかだか十数年しか生きていない子供たちです。けれども、それぞれに子供たちなりの経験があります。ただし、経験（人生）を語るには、自分の話を受け入れてくれる安心できる空間が必要です。授業中の発言を冷やかされたり、笑われたりするような学級では、怖くて自分の経験を語れません。

道徳の資料に自分の経験を結びつけて発言するという学習を積み重ねることで、学級が安心して自分を出せる温かな空間になっていきます。道徳授業で自分の人生を語り、友達の人生を受け止めていくことで、学級はますます居心地のいい空間へと成長していきます。

経験（人生）を語ることで、自分と資料がしっかりと結びついていきます。それが、自分事として資料に向き合うことなのです。

36

教科書を終末で使う

主たる教材＝教科書と教材開発

道徳科においては、主たる教材は教科書となります。同時に、新しい学習指導要領の解説（p99～）では、魅力的な教材開発が奨励されています。

教科書だけを使っていたら、教材開発はできません。一見すると矛盾しているようにも思われる二つの内容ですが、これは要するに、

「道徳授業を毎週きちんと実施してください。そのために、教科書を無償配付します」

「道徳授業の活性化のために、教材開発も積極的に進めてください」

ということなのです。

文科省では、道徳科の授業を型にはめようとか、現場の教師の授業実施に対して自由度を奪おうなどということは、少しも思っていません。むしろ、学校現場で指導的な立場にある方が、「道徳はこうでなければならない」という凝り固まった考えを――大変残念で、かつ有害なのですが――もっている場合が少なくないのです。

ですから、基本的な考え方としては、

①主たる教材である教科書を有効に使用していく

②教科書だけに頼らずに、魅力的な道徳教材を積極的に開発していく

というふうに理解しましょう。

教科書教材の長所と短所

教科書教材の多くは、内容項目を強く意識して作成されているため、読めばその時間に学ぶべき道徳的価値がよく伝わる内容になっています。これは、教科書教材の長所であり、同時に短所でもあります。

長所としてあげられるのは、**わかりやすい**ということです。どう考えるべきなのか、どんな行動をすべきなのかが明確に伝わります。授業が指導目標に向かってぶれることなく進んでいきます。

短所としてあげられるのは、**読めばすぐにわかってしまう**ということです。授業の最初の5分間でその時間の学習のゴールが見えてしまっては、子供たちの学習意欲が継続しません。

教科書教材に限らず、その授業で使用する教材の特長をよく理解して、そのよさを最大限に活用できる授業展開を考えなければなりません。

自作教材と教科書教材のコラボ

教科書教材の長所である「わかりやすさ」を効果的に扱う方法として、終末で教科書教材を読み聞かせる授業展開が考えられます。

例えば、「競争の意義」について考える授業です（高学年　内容項目A　努力と強い意志）。

2010年8月28日の朝日新聞『be』土曜版に、「競争は好きですか」という問いに対するアンケート結果が掲載されていました。

同じ問いを子供たちに投げかけます。

「あなたは、競争は好きですか？」

用紙を配り、自分の考え（はいｏｒいいえ）とそう考えた理由を書かせました。

人数を確認し、割合％を計算したところ、
○はい　91％
△いいえ　９％
という結果でした。


次に、理由を発表させました。

「いいえ」の理由
・競争して勝てばうれしいし、負ければ悔しいけど、人と競争しなくても自分ががんばればいいのだと思う。
・友達と争うよりも、いっしょに協力してがんばったほうがいいと思う。
「はい」の理由

・もし負けても「今度は負けないぞ」という気持ちになれる。
・自分との戦いで、勝ったら自分を越えた気分になれる。
ここで、新聞記事を基にして、街の人のアンケート結果を伝え、次のように問いかけました。

「競争に勝って成功するために、必要なことは何でしょう?」


短く、ズバリ答えるように指示しました。

子供たちからは、「努力・練習・勇気・あきらめない心」等が出されました。

発表の後、

「生きていく上で必ず競争はあります」

と言って、黙って黒板に
【なぜ、競争をするのか?】

と書きました。

ここでは子供たちからの意見は求めずに、大竹文雄氏（大阪大学）の言葉**「競争を繰り返すことで、人は自分の適性を知ることができる」**（前掲の新聞より）を紹介しました。

そして、

「大切なのは、一生懸命に努力をして、真剣に競争をして、そして自分の適性を知ることなのです」

と話します。

ここで、

「道徳の教科書にも、大切な話が載っています。教科書の○ページを開きましょう」

と言って、教科書教材から、「内容項目Ａ　努力と強い意志」を扱った教材を読み聞かせます。

読んだ後は、教材文の内容について、話し合うことはしません。

前述の通り、**教科書教材の長所である「わかりやすさ」を生かした授業展開です。読めば伝わることをあれこれ話し合うのはむしろ逆効果**です。

これは、次の学年に向けて「一生懸命に努力することの大切さ」を伝える授業として有効です。

年度末、３月におすすめです。

37

教科書を導入で使う

教科書を導入で使う方法もあります。

これは、はっきりしたテーマについて話し合う授業に効果的です。例えば、いじめ問題を扱った授業です。本書の序章で述べたように、道徳の教科化には、いじめ問題の解決への願いが込められています。そのため、全ての検定教科書には、いじめ問題に関する教材が掲載されています。

授業では、まず、黒板に【いじめ】と書き、

「今日は、いじめ問題について、みんなで考えてみましょう」

と話します。教師からの明確なテーマ提示による導入です。

次に、教科書からいじめ問題を取り扱っている教材を選び、読み聞かせます（または、子供たちに黙読させます）。読んだ後は、感想を聞くのもよいでしょう。ただし、この授

① あなたなら，どうやっていじめられているカメを助けますか？

業では教科書教材を導入として使うので、必要以上にここに時間はかけないようにします。

低学年であれば、この後は、伽話「浦島太郎」を教材に使ってみましょう。いじめは、昔からありました。古くは、『古事記』の「因幡の白ウサギ」の話もそうです。「浦島太郎」では、お話の冒頭でカメがいじめられています。

道徳授業で行ういじめ問題の授業は、**いじめが起きていない学級で行うからこそ意義があります。**実際にいじめで苦しんでいる子がいるのなら、悠長に教材を準備して授業をしている場合ではありません。緊急の生徒指導上の問題として、迅速な対応が必要です。

上のイラスト（ワークシート）は、柳田一帆氏（愛知県小学校教師）の自作教材です（『とっておきの道徳授業15』、日本標準）。いじめを見たら止めるのが大前提という考えを全員に定着させて、いじめに対して傍観者にならない気持ちをもたせていきます。吹き出しに言葉を書いた後、動作化を取り入れると、体験的な学びも可能になります。

第6章

道徳の授業に深みを出すことが もっと うまくなる8の技

38

多面的に考察させる

多面的と多角的

道徳の教科化に伴い、授業改善のためのいくつかのキーワードが示されました。その一つに、「多面的・多角的」があります。

このキーワードについては、「『多面的・多角的』は、中点（・）でつないであるので、この二つは切り離せるものではなく、一つのまとまった言葉なのだ」と説明されることが多いようですが、切り離せない言葉だとしても、それぞれに意味があるはずです。「主体的・対話的」の例で言えば、主体的な学びと対話的な学びには、それぞれの特有の意味があります。

そこで、学校現場の先生がもっとスッキリして授業に向かえるように、まず、この二つの言葉の概念を整理してみます。ざっくりまとめれば、次のようになります。

多面的…一つの「道徳的価値」を複数の面から考えること
多角的…一つの事柄を複数の「道徳的価値」から考えること

本項では、「物事を多面的に考える」ことについて、実際の教材を基に述べます。

ある電車での出来事

まず、1枚のイラストを提示します。これは、新聞投書にあった実話を基に、前田康裕氏（熊本大学）の協力を得て作成したイラスト教材です。

授業は、次のように展開されます。

T　この絵を見て、気づいたことを発表しましょう。

C　おばあちゃんがつり革に背伸びをしてつかまっている。誰か席を譲ってくれればいいのに。

C　隣に立っている男の人が「大丈夫かな？」と、心配そうにおばあちゃんを見ている。

C　若い女の人や書類を見ている男の人が席をゆずるべきだ。

教師は、子供の発言を聞きながら、出された意見を板書で整理していきます。

最初は、子供たちから、おばあちゃんへの同情、座っている二人への非難の意見が出されます。

T　どうして、この二人は席を譲らないのかな？

C　自分が座りたいから。特に、男の人は、書類を見て、気づかないふりをしているからずるいと思う。

T　何か、この二人には、席を譲れない理由でもあるのかな？

C　もしかしたら、体の調子でも悪いのかも。若いからといって、いつも元気なわけではない。

C　男の人も、仕事で疲れているのかもしれない。夜勤とか、夜遅くまでの残業とかがあったのかな…。

以上のような意見交流を通じて、席を譲らない人の事情についても考えさせます。

私たちは、それぞれにいろいろな事情を抱えて生活しています。

A　電車の中では、お年寄りに席を譲るべきだ。

B　だから、席を譲らずに座っている人は、けしからん。

一面だけから見ると、A↓Bのような論理になります。

でも、その日、体調が優れずに席に座っている人もいるかもしれません。また、席を譲られることに不快感を覚える元気なお年寄りもいます。

思いやりの心を、立っているお年寄りだけでなく、座っている人にも向けます。内容項目でいえば、「親切、思いやり」という括りの中で、**一方だけではなく複数の対象に——多面的に——目を向けます。**これが、道徳科における「物事を多面的に考える」という意味です。

物事を多面的に考えることで、それまで気づかなかった反対側の事情が見えてきます。

それが、すなわち、**教材の背景にあるリアリティに気づくこと**なのです。

39

多角的に考察させる

前項の続きです。ここでは、「物事を多角的に考える」ことについて述べます。

ある電車での出来事（続編）

場面2。

おばあちゃんの隣に立っていた男性は、目の前の席で書類に目を通していた人に声をかけました。

大人でも、見知らぬ人に声をかけるのには、いくらかのためらいと緊張感を伴います。思いを行動に移すためには、「勇気」が必要なのです。また、自分の思いを相手にわかってもらうためには、言葉遣いも大切になります。
自分の信念に基づいた行動であっても、相手に対する「礼儀」を忘れてはなりません。
これが、多角的な物の見方です。

従来行われてきた多くの授業では、このような視点が欠落していました。子供たちから「親切・思いやり」以外の意見（この場合で言えば、「勇気」「礼儀」）が出され、それを教師が取り上げると、事後研究会では「あの子供の発言は、授業のねらい（親切・思いやり）からずれていたのではないか」という批判がなされることがありました。物事を多角的に考える授業を実現するためには、まず、**教師自身が道徳授業に対して柔軟な発想をもたなければなりません。**

これは気づかなくて
もうしわけないですね
どうぞすわってください

場面3。

声をかけられた人は、快く席を譲ってくれました。

三人とも、みんな笑顔です。

よくある読み物教材のパターンでいけば、ここでハッピーエンドです。

でも、この話には、続きがあります。
場面4。

そして、場面5。

「この人が次の駅で下車していく姿を見たとき、この人の足が不自由だったことに気づきました」（場面4）

申し訳なく思い、慌てて駆け寄り、謝った「私」に、この人はさわやかな笑顔を残して去っていきました（場面５）。

これでこの話は完結です。

子供たちから、「カッコいいね」という声が聞こえました。

価値は支え合う

この授業の中心となる内容項目は、高学年「よりよく生きる喜び」です。そして、「親切・思いやり」「勇気」「礼儀」など複数の「価値」がかかわり合っています。

価値とは、経験される、ある望ましさです。「価値葛藤」という言葉を見聞きすることがありますが、価値同士（望ましいもの同士）は葛藤などしません。価値は、支え合います。

物事を多角的に考えると、道徳的行為を複数の価値が支えている構図が見えてきます。

40

「価値葛藤」に惑わされない

道徳教育のある公開研究会で、「南米から転校してきた女の子がピアスをつけていることを認めるかどうか」を話し合っていました。授業者は、ここを「価値葛藤場面」と称して、どちらを選ぶべきかを聞いていました。

ちょうどこの授業を参観した時期に、私が勤務していた小学校にペルーから女の子が転校してきました。その子も、やはりピアスをしていました。宗教上の意味合いもあるようです。創立記念日には、特別なピアスをしてきました。話を聞くと、ペルーでは大切な日にはいつもとは違う特別なピアスをするのが礼儀なのだそうです。

まわりの子供たちは、興味深くペルーの話に聞き入ったり、きれいなピアスを見せてもらったりしていました。ピアスをしていることに対して「規則違反だ」とか「あの子ばかりずるい」などと不平不満や文句を言う子は、誰もいませんでした。

考えさせるべき論点は、「転校生のピアスを認めるべきかどうか」ではありません。後者（私の勤務校）の事例を子供たちに提示して、

「まわりの友達はどうして誰も文句を言ったりしなかったのでしょうか？」

と聞いてみてください。きっと、異国の文化を尊重しようとする意見や、友達への思いやりにあふれた考えが出されることでしょう。

こんなときどうしよう…と、悩むのが道徳ではありません。つまらぬ悩みなどない方がよいのです。毎日の暮らしの中で、判断に迷う場面に出くわすことがあります。自分の心の葛藤を感じることもあります。でも、それは何が葛藤しているのでしょうか。

「ピアスをした転校生」の例では、次のAとBの事実が対立（葛藤）しています。

Ａ　校則でピアスは禁じられている

Ｂ　外国からの転校生がピアスをしている

葛藤しているのは、二つの事実です。価値ではありません。上述した通り、子供たちは転校生のピアスをきっかけとして、外国の文化に興味をもち、その話題で友達関係がさらに深まりました。それが、このエピソードの中にある価値です。

仕組まれた「葛藤場面」よりも、現実の経験の方が、ずっと広くて深いのです。

41
セオリーを超える

私は、教員になって2年目の年、持ち上がりで6年生を担任していました。その年の冬、校内研究会で道徳の授業を行いました。

使ったのは、「ひょう湖の白鳥」という読み物で、新潟県瓢湖《ひょうこ》で白鳥を保護しているYさんを題材とした資料です。Yさんは、白鳥を救うために自ら真冬の瓢湖に入り、湖の氷を割りました。命がけで白鳥を助けたのです。

ここで、セオリー通りの発問で行けば、

「Yさんは、どんな気持ちで凍った湖に入ったのでしょうか?」

となります。でも、当時の私は、資料を読んだ後、子供たちにこう話しました。

「でもね…。この日とても寒かったし、それにとてもいいことをしたから、Yさんは家に帰ってお酒でも飲んだんじゃないかな? そのとき、焼き鳥を食べたんじゃないかな?」

子供たちは、一瞬、ポカ〜ンとした表情になりました。命がけで白鳥の命を救った人が、数時間後に焼き鳥を食べたかもしれない…。こんな矛盾を、たくさんの先生方が参観している前で聞かれたのです。びっくりするのは、当然です。

それでも、子供たちは、一生懸命に考えていました。ある子は、

「私たち人間は、たくさんの動物の命をもらって生きている。だからこそ、他の生き物にはなおさら優しくしてあげなければならないのだと思います」

と発言しました。

この授業の事後検討会は、大いに盛り上がりました。予想されたことではありましたが、批判の声もたくさん聞かれました。けれども、「これまで疑問に思っていたことが、どこかすっきりしたように感じた」と、賛同する意見もありました。

命は大切です。でも、人は他の生き物の命をいただいて生きています。**いくら悩んでも解決できない矛盾**がここにあります。その矛盾に正面からぶつかっていった授業だったのです。だからこそ、その〝真っ直ぐさ〟が、参観者の心に届いたのだと思います。

教師自身が心を揺さぶられたことでなければ、その思いを子供に伝えることはできません。粗削りながらも、自分の思いに誠実に向き合った授業でした。

42

情報モラルは「そもそも」を考えさせる

情報モラルの授業というと、どうしてもインターネットを悪用した犯罪やSNS（Eメール、フェイスブック…）でのトラブルなど〝陰〟の部分に注目しがちです。

けれども、道徳としての情報モラルの授業で大切にしたいのは、

「情報機器は、そもそも何のために開発されたのか」

という本質にかかわる問題意識です。情報機器は、互いを傷つけるために開発されたのではありません。心を伝え合うための道具として、情報機器は存在します。

携帯電話（スマホ）の普及により、公衆電話の数は減少を続けています。けれども、2011年3月11日の東日本大震災のときには、公衆電話のありがたさを痛感しました。災害時は、公衆電話を無料で使うことができます。でも、受話器を取ればすぐに通話音が流れるのではありません。最初は10円玉を入れます。通話を終えて受話器を置くと10円玉が

戻るという仕組みになっています。

これは、勤務校（当時）の昇降口前の公衆電話です。あのとき、公衆電話の上には、10円玉が1個置いてありました。きっと最初に電話をかけた人がそのまま10円玉を置いていってくれたのでしょう。その後「学校の公衆電話が使える」という情報が広がり、何人もの方々が訪れては、その10円玉を使って大切な人と連絡を取ることができました。

情報機器は、人と人とがつながるためにある。 情報機器の根本的な存在意義を考えることができた出来事でした。

授業では、次の二つの事実を示して、情報機器の存在意義について考えさせます。

事実1　ＮＴＴ東・西日本における公衆電話設置構成比推移（総務書ＨＰより）

事実2　東日本大震災時に使われた公衆電話（右写真　授業者撮影）

公衆電話が減り続けている事実がある一方で、災害時には公衆電話が人と人との心をつないだ事実があります。二つの事実が、子供たちに、高度情報化社会の中で見失ってはならない心について問いかけます。

43 教師の体験談を教材にする

子供たちは、担任の子供の頃の話が大好きです。

担任にしか語れない話で授業をつくってみましょう。

K君は、友達と一緒にバスで市民プールに出かけました。K君は、ためておいたお小遣いの中から、500円札1枚とバス代用の小銭を持って出かけました。

K君は、その大切な500円をポケットに入れたはずでした。バスから降りて少し歩きました。プールが始まるまでには、時間があります。K君たちは、近くのお店に入りました。おじさんとおばさんがやっている小さな店でした。

K君は、アイスクリームを選んで、お店のおじさんにお金を払おうとしました。ところが、ポケットに入れたはずの500円札が入っていなかったのです。

授業は、エピソード風に教師が語りながら進めていきます。

「ここまでの話を聞いて、今、みなさんが考えていることを発表してください」

この後、K君は店の中を必死で捜しますが、500円札は出てきません。プールの始まりの時刻が近づいてきます。K君は泣きたいような気持ちになりました。そのとき、「いいよ。おじさんが500円あげるよ。そのうち、店の中から出てくるだろうから」と言って、店のおじさんがK君に500円札を渡してくれたのです。

家に帰ってこのことを話すと、母は、「じゃあ、今度行ったとき、もう一度お礼を言ってお金を返しておいで」と封筒にお金を入れてK君に持たせました。

数日後、K君がお礼を言ってお金をおじさんに渡そうとしたとき、おじさんは意外なことを言いました。

「おじさんは、何と言ったと思いますか？」

おじさんは、こう言いました。

「あの後店の中を捜したら500円が出てきたよ。だから、そのお金はいらないよ」

K君は、（あのおじさんの言葉は、本当だったのかな）と今もときどき思い出します。

著名人や偉人から学ぶ授業も大切です。同時に、担任の体験談から学ぶ授業も魅力いっぱいです。子供たちにとって、一番身近な存在（大人）が担任なのですから。

44 チョーク1本で授業をする

私は、教務主任と教頭のときにも、結構、道徳の授業をやりました。一番多かったのは、担任がいないときです。担任が出張等のときには、私も楽しみながら授業に出ていました。時には、急な事情で授業に出ることもありました。そんなときには、チョーク1本でできる授業ネタをいくつか覚えておくと重宝します。

勇気の缶詰

授業の最初に、「これ、なあーんだ？」と言って、下のような絵を黒板にかきます。

子供たちから様々な意見を聞いた後、これは、缶詰であり、

勇気

「勇気」というラベルが貼ってあることを話します。値段は、１００円です。

ここで、

「あなたなら、この１００円の勇気の缶詰を買いますか？　買いませんか？」

と問い、その理由も聞きます。

「買う・買わない」の話し合いがひと段落したら、

「勇気の缶詰の中には、何が入っていると思いますか？」

と問います。

「実は、この中には、こんな紙が入っていました」

と言って、黙って黒板にその言葉を書きます。

「ぼくに　たよるな　よわむし」

「なぜこれが『勇気の缶詰』なのでしょうか？　自分の考えを書きましょう」

ノートまたは原稿用紙に書かせます。

内容としては、高学年向けです。チョーク１本でできる至極の道徳授業です。

（佐藤幸司編著『とっておきの道徳授業３』日本標準　参照）

45

最小限の資料で1時間の授業を組み立てる

本章の最後に伝授するのは、年度末、一年間の最後の道徳におすすめの授業です（2年生に実施　上学年でも実施可能）。

たった4文字の資料の提示

届けたい

まず、黙って、この文字（届けたい）を黒板に貼ります。子供たちの間から「とどけたい…」という声が聞こえました。「届」という漢字は、2年生では学習していません。けれども、読める子が何人かいます。

「これ、『届けたい』って読むの?」

と、子供の「つぶやき」に問い返すと、子供からは、

「そうだよ。『とどけたい』だよ」

という返答がありました。

「へえ、すごいね。こんな難しい漢字、よく読めたね」

というような、やりとりをします。

「自分なら？」を問う

「届けたい」の読み方とその意味を確かめてから、子供たちに聞いかけます。

「あなたは、誰に、何を届けたいですか？」

次のような発表がありました。
①友達に、「いつも仲良く遊んでくれてうれしいよ」という言葉を届けたい。
②お母さんに、いつもありがとうの気持ちを届けたい。
③おばあちゃんに、元気を届けたい。
④世界で戦争をしている国の人たちに、平和を届けたい。

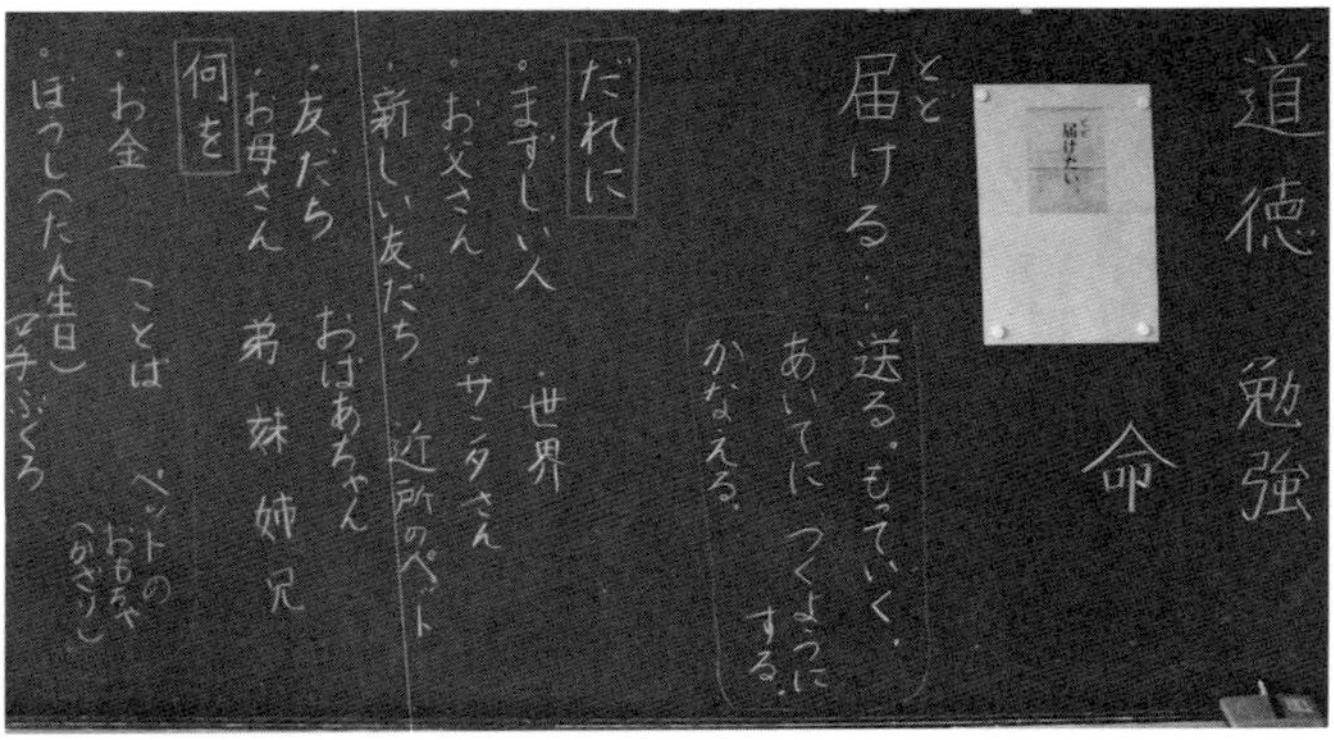

⑤サンタさんにプレゼントを届けたい。
「誰に?」の問いに対する子供たちの答えは、「友達・家族・外国の人たち」などに分けられました。届けたいものの中身は、「言葉・気持ち・元気・平和」など様々でした。

ここで、質問タイムを設けます。

「もっと詳しく聞いてみたい意見はありませんか?」

と聞いたところ、真っ先に

「どうして、サンタさんにプレゼントを届けたいのですか?」

という質問が出されました。

これは、毎年のクリスマスにサンタさんからプレゼントをもらっているので、そのお返しをしたいという理由からでした。

④(おばあちゃんに…)への質問もありました。これ

を書いた子によると、おばあちゃんは県外に住んでいて、今、あまり体の具合がよくないということでした。

言葉でまとめてみる

質問タイムを終えたら、

「みんなが考えた『届けたいもの』を一つの言葉でまとめることができますか？」

と聞いてみました。

子供たちからは、「贈り物・優しさ・ありがとうの気持ち・幸せ」という考えが出されました。この中で、全部をまとめてくれる言葉はどれかを考えさせたところ、子供たちは「幸せ」という言葉を選びました。

「誰かに幸せを届けられる人は、きっと幸せな人なんだね」

と話して授業を終えました。

私は、新しい学級を担任すると、年度当初に「3月最後の道徳は、『届けたい』の授業をやる！」と決めていました。

少ない資料で1時間の授業を組み立てるためには、子供たちからのたくさんの発言が必要です。授業で一貫して大切にしていくのは、子供が自分の経験を語ること、すなわち、自分の人生を語ることです。

道徳の授業づくりは、学級づくりそのものです。一年間の道徳授業を通じて、子供は**自分の経験を語る経験**を積み重ねていきます。そして、3月最後の道徳の時間には、たった4文字で授業ができる学級に成長させていくのです。

学級づくりのゴールを見据えた授業です。

第7章

道徳の評価が もっと うまくなる 4の技

46

目標が達成されたかどうかは評価しない

通常は、目標と評価は表裏一体です。各教科であれば、授業の目標が達成されたかどうかを評価します。例えば、2年生の算数で学習する「かけ算」で、「2の段の九九を正しく唱えることができる」という目標があったのなら、それを正しく唱えることができたかどうかで評価します。

けれども、道徳科は違います。道徳科の目標は、児童生徒の道徳性を育てることにあります。でも、道徳科では、道徳性が育ったかどうかは評価しません。つまり、**目標に準じた評価はしない**のです。

これは、ある意味、かなり大胆な規定です。目標と評価は表裏一体という原則は、道徳科には当てはまらないのです。そこが、「特別の教科」であるゆえんでしょうか。

道徳科の評価については、いくつかの疑問や心配する声が寄せられていました。その多くは、子供の心を大人（教師）が評価できるのか、というものです。

それらの声に応える（心配を払拭する）意味もあって、道徳科では子供の道徳性――すなわち、子供の心・内面――は評価しないと明言したと思われます。

また、評価をする（教師）側からしても、例えば、

「1時間の道徳授業の中で、子供の道徳性が育ったかどうかを評価できますか？」

と問われれば、ほとんどの教師は「それは難しい」と考えるのではないでしょうか。

様々な立場からしても、道徳科では、目標が達成されたかどうかを評価しないという考え方は、賢明だったと言えそうです。

では、道徳科では、何を評価するのでしょうか。

新しい学習指導要領の解説（ｐ１０８）には、次のようにあります。

> このことは道徳科の目標に明記された学習活動に注目して評価を行うということである。

これについては、次項で詳しく述べます。

47 四つの学習活動に注目する

序章で述べたように、道徳科の目標には、道徳性の四つの様相と四つの学習活動が示されています。評価は、この四つの学習活動、すなわち、

①道徳的諸価値についての理解を基に、
②自己を見つめ、
③物事を多面的・多角的に考え、
④自己の生き方についての理解を深める学習

に注目して行います。

道徳科の評価は、22の内容項目それぞれに行うのではありません。また、1時間ごとの学習の様子を単独に評価するのではありません。授業の積み重ねの中で、子供がどのように向上的に変容していったかを、大括りなまとまりを踏まえて記述で評価します。

さて、ここまで読んでいただいても、まだモヤモヤが残っている読者がいるかと思います。確認しましょう。ここで言っている「評価」というのは、指導要録に記載する評価のことです。通知表の所見ではありません。

指導要録は、法令で定められた公簿です。「指導の記録」は保管期間５年間とされ、重要度〝高〟の公簿と言えます。書式や記述の仕方、内容に関しては、文部科学省から示された通知等に従って行わなければなりません。それが、ここで述べた「大括りなまとまりを踏まえて記述で評価します」という内容です。

通知表は、学校から保護者への「学校生活のお知らせ」です。法的なきまりはありません。内容や形式はもちろん、配付するかどうかについても、本来的には校長の判断です。ただし、通知表のない学校というのは聞いたことがありませんので、２０１８年度からは全ての小学校の通知表に道徳科の評価欄が設けられるはずです。通知表は保護者へのお知らせですが、当然子供も見ます。ですから、**教育界の専門用語は避けて、できるだけ具体的でわかりやすい記述**が求められます。

48 通知表所見の3つのタイプを使い分ける

通知表の所見は、基本的には指導要録の評価とは別物と考えてください。具体的でわかりやすさが求められる通知表の所見を「大括りなまとまり」で書いたら、保護者（子供）には、伝わりにくくなってしまいます。

通知表の所見（評価）は、次の3つが考えられます。

①教材別評価

その子が一番がんばった授業について書く。

例「はしの上のおおかみ」の学習では、誰にでも優しく見守ったり、接したりする気持ちが大切であることを理解し、親切にしたときの喜びについて考えることができました。

②内容項目別評価

テーマ（内容項目）についての学びの成果を端的に書く。

例　「生命の尊さ」をテーマにした授業では、今ある自分の命は、遠い祖先から受け継がれてきたものであるという不思議さに気づき、これからも自分の命はもちろん、命ある全てのものを大切にしていかなければならないという思いをもつことができました。

③学びのタイプ別評価

その子の学び方・考え方に注目する。

例　登場人物の言葉や行動について、「自分ならどうだろう」と共感したり疑問に思ったりしながら、自分なりの考えをもつことができました。その時間に学んだことについて、学習カードや自主学習ノートにていねいに書き記しました。

指導要録の評価文を書くときに役立つのは、③学びのタイプ別評価です。この文をぎゅーっと縮めて短くすると指導要録用に使えます。ですから、３学期（前後期）の１回は、「③学びのタイプ別評価」で書いておくことをお勧めします。

49

不定期で学習のまとめや振り返りを書かせる

2018年度からの指導要録は次ページのような形式になります（参考様式）。外国語活動の上に、6学年分の道徳科の記入欄が設けられます。

実物を見ると、皆さん、

「こんなに小さいの！」

と驚かれることでしょう。

実寸を計ってみたところ、縦0.9cm×横8.2cmほどしかありません。この枠の中に道徳科の「学習状況及び道徳性に係る成長の様子」を書くのですから、要点をかなりしぼった文になります。実際には、**小さめの文字で書いて2行程度**になります。

例えば、多面的・多角的な考え方ができる子には、

「柔軟な発想で問題解決の方法を考え、友達と意見交換した」

様式2（指導に関する記録）

小学校児童指導要録（参考様式）

〔参考1〕

児童氏名	学校名	区分＼学年	1	2	3	4	5	6
		学級						
		整理番号						

各教科の学習の記録

I　観点別学習状況

教科	観点＼学年	1	2	3	4	5	6
国語	国語への関心・意欲・態度						
	話す・聞く能力						
	書く能力						
	読む能力						
	言語についての知識・理解・技能						
社会	社会的事象への関心・意欲・態度						
	社会的な思考・判断・表現						
	観察・資料活用の技能						
	社会的事象についての知識・理解						
算数	算数への関心・意欲・態度						
	数学的な考え方						
	数量や図形についての技能						
	数量や図形についての知識・理解						
理科	自然事象への関心・意欲・態度						
	科学的な思考・表現						
	観察・実験の技能						
	自然事象についての知識・理解						
生活	生活への関心・意欲・態度						
	活動や体験についての思考・表現						
	身近な環境や自分についての気付き						
音楽	音楽への関心・意欲・態度						
	音楽表現の創意工夫						
	音楽表現の技能						
	鑑賞の能力						
図画工作	造形への関心・意欲・態度						
	発想や構想の能力						
	創造的な技能						
	鑑賞の能力						
家庭	家庭生活への関心・意欲・態度						
	生活を創意工夫する能力						
	生活の技能						
	家庭生活についての知識・理解						
体育	運動や健康・安全への関心・意欲・態度						
	運動や健康・安全についての思考・判断						
	運動の技能						
	健康・安全についての知識・理解						

II　評定

学年＼教科	国語	社会	算数	理科	音楽	図画工作	家庭	体育
3								
4								
5								
6								

特別の教科　道徳

学年	学習状況及び道徳性に係る成長の様子
1	
2	
3	
4	
5	
6	

外国語活動の記録

観点＼学年	5	6
コミュニケーションへの関心・意欲・態度		
外国語への慣れ親しみ		
言語や文化に関する気付き		

総合的な学習の時間の記録

学年	学習活動	観点	評価
3			
4			
5			
6			

特別活動の記録

内容	観点＼学年	1	2	3	4	5	6
学級活動							
児童会活動							
クラブ活動							
学校行事							

という文になります。

けれども、いくら短い文とはいえ、手元に何か資料がなければ作成が難しくなります。

そこで、子供に授業の「振り返り」を書かせておくと、評価文作成に役立ちます。

ただし、毎時間、授業の最後に「感想」を書かせると、授業がパターン化してしまう心配があります。ですから、**毎時間ではなく、月に1回、もしくは数時間に1回程度、学習のまとめや振り返りを書かせるのがよい**でしょう。

いずれの場合でも、評価をするために授業を行うのではありません。

道徳の教科化の目的は、毎週の授業をきちんと実施することです。授業を実施したら、教師は、子供たちの学びの様子を認めて、それを文章で表します。評価が先にあるのではありません。

第8章

全ての技を支える たった1つの思い

50

子供たちの幸せを願う

私は、道徳が大好きです。

だから、担任する（していた）子供たちも道徳が大好きでした。

「次の時間、何だっけ？」

「道徳だよ」

「やったー」

子供たちのこんな会話を耳にするたびに、私も内心（やったー）と思いました。

「子供の実態と道徳の資料、どちらが先にあるのですか？」

自分で教材を開発して道徳授業をつくっていると、こんな質問を受けることがあります。

私は、あえて誤解を恐れず、

「資料が先です」

と答えます。

例えば、ある新聞記事を目にしたとします。その記事の内容を見て、「これは、授業で使えそうだな」と感じる人と、何も感じない人がいます。この差は、どこからくるのでしょうか。

それは、**目の前の子供たちをどんな子に育てたいのか、明確な思いを教師がもっているかどうかにかかっている**のです。

自分の学級の子供たちをこんなふうに育てたい。

自分は、子供たちと一緒にこんな道徳授業をしてみたい。

そういう思いをもっていると、授業のネタは、向こうから飛び込んでくるようになります。

「子供の実態が先か？　資料が先か？」

これは、「たまごとニワトリ、どちらが先か？」を問うようなものなのです。

子供への思いがなければ、資料は見つかりません。

逆に、よい資料に出合わなければ、魅力のある授業をつくることはできません。

それは、教科書教材を使ったときでも同じです。子供たちへの思いがなければ、与えられた教材をただ消化するだけの授業になり、子供たちの心には何も残りません。

授業技術（技）は、教師の思いがあってこそ、その力を発揮します。

全ての技を支えるのは、子供たちの幸せを願う教師の思いなのです。

おわりに

私が代表を務める教育研究団体「道徳のチカラ」は、道徳教育の推進に熱き志をもつ教師の集いです。現在、機関誌『道徳のチカラ』（年会費制）を購読している正会員約500人と、ネット配信『総合・道徳教育メールマガジン』（無料）を受信している準会員約3500人によって組織され、北は北海道・稚内市から、南は沖縄・石垣市まで日本中に同志がいます。

「道徳のチカラ」のルーツは、1988年に深澤久氏（元群馬県小学校教師）が設立した「全国ネット・道徳授業記録」（略称・㊣）にあります。以来、道徳教育を専門に研究実践を続け、今年（2018年）8月で、全国大会は、「道徳のチカラ」としては8回目、「㊣全国合宿」から通算すると29回目を迎えます。

四半世紀を超えて本物の道徳授業を追求し続けてきたのが、「道徳のチカラ」です。

かつては、副読本（読み物資料）を使わずに授業を行ったり、気持ちを問う発問以外を主発問に位置付けたりすると、すぐに、「これは、道徳ではない」と批判されたものです。

「基本型」と呼ばれる授業スタイルが、絶対視されていた時代でした。

それが、2015年4月21日の中央教育審議会資料では、道徳の時間の課題例として、「読み物の登場人物の心情理解のみに偏った形式的な指導」が指摘されました。

また、新しい学習指導要領の解説には、

道徳科の学習指導過程には、特に決められた形式はないが（p80）

という文言が加わり、教師の教材開発については、引き続き、

教材の開発と活用の創意工夫（p99）

の奨励が明記されています。

他社からの出版物で恐縮ですが、2001年から発刊を続けているオリジナルの道徳授業実践集『とっておきの道徳授業』シリーズ（日本標準）は、現在、小学校編15巻・中学校編13巻となり、たくさんの先生方から授業の追実践をしていただいています。

2018年度（中学校は2019年度）からは、道徳が特別の教科として全面実施されます。それまで、学校現場の志ある教師によって進められてきた道徳授業改革は、国家レベルの取り組みとなりました。

今、道徳授業には、大いなる追い風が吹いています。時代は、動いたのです。

道徳の教科化に際し、教科書の扱いや評価の仕方など、様々な疑問や不安もあるかもしれません。けれども、それらは、実はたいした問題ではないのです。道徳が特別の教科になっても、目指すべきところは同じです。それは、子供たちの幸せです。道徳授業によって、子供たちが幸せになっていく――。だからこそ、教師の仕事は尊いのです。

このたび、『授業がもっとうまくなる50の技』シリーズの道徳編に執筆する機会をいただきました。本書では、私の授業実践に基づく主張を８つの視点から、全50項目にまとめました。それぞれの技を自分自身の技へと昇華させて、授業実践に役立てていただければ幸いです。

道徳授業づくりは、教師の思いから始まります。それは、どんな教材（教科書 or 自作）を使った授業であれ、根底にある思いは一緒です。こんな道徳授業をやりたい。そして、こんな子供を育てたい。その思いが、具体的な子供の姿として実現することを願います。

２０１８年４月（道徳科元年　穏やかな春の日に…）

佐藤　幸司

【著者紹介】

佐藤　幸司（さとう　こうじ）

1962年，山形市生まれ。1986年より教職。山形県小学校教師。教育研究団体「道徳のチカラ」代表。温かみを感じる素材でつくる「ほのぼの道徳授業」を提唱し，独自の主眼による100を超えるオリジナル道徳授業を生み出している。主な著書に，シリーズでベストセラーになっている『とっておきの道徳授業』（日本標準）の他，『プロの教師のすごいほめ方・叱り方』『クラスが素直に動き出す！　プロの教師の子どもの心のつかみ方』（学陽書房），『実務が必ずうまくいく　教務主任の仕事術55の心得』『エピソードで語る教師力の極意』『スペシャリスト直伝！　小学校道徳授業成功の極意』『新任でも必ず知っておきたい　学級経営の踏ん張りどころ51』（以上明治図書）などがある。

H　P　「道徳のチカラ」
連絡先　s-koji@mwa.biglobe.ne.jp

道徳の授業がもっとうまくなる50の技

2018年８月初版第１刷刊 ©著　者　佐　藤　幸　司
発行者　藤　原　光　政
発行所　明治図書出版株式会社
http://www.meijitosho.co.jp
（企画）矢口郁雄（校正）大内奈々子
〒114-0023　東京都北区滝野川7-46-1
振替00160-5-151318　電話03(5907)6701
ご注文窓口　電話03(5907)6668

＊検印省略　組版所　長野印刷商工株式会社

本書の無断コピーは，著作権・出版権にふれます。ご注意ください。

Printed in Japan　ISBN978-4-18-273629-2

もれなくクーポンがもらえる！読者アンケートはこちらから
→

実務が必ずうまくいく 研究主任の仕事術 55の心得

藤本 邦昭 著
Fujimoto Kuniaki

Ａ５判／132 頁
1,760 円＋税
図書番号：1745

校内研修の計画書づくりから、研究授業、研究発表会のプロデュース、職員の負担感の軽減まで、研究主任業務の表も裏も知り尽くした著者が明かす、実務の勘所と必ず役に立つ仕事術。若葉マークの研究主任も、この１冊さえあればこわいものなし！

実務が必ずうまくいく 教務主任の仕事術 55の心得

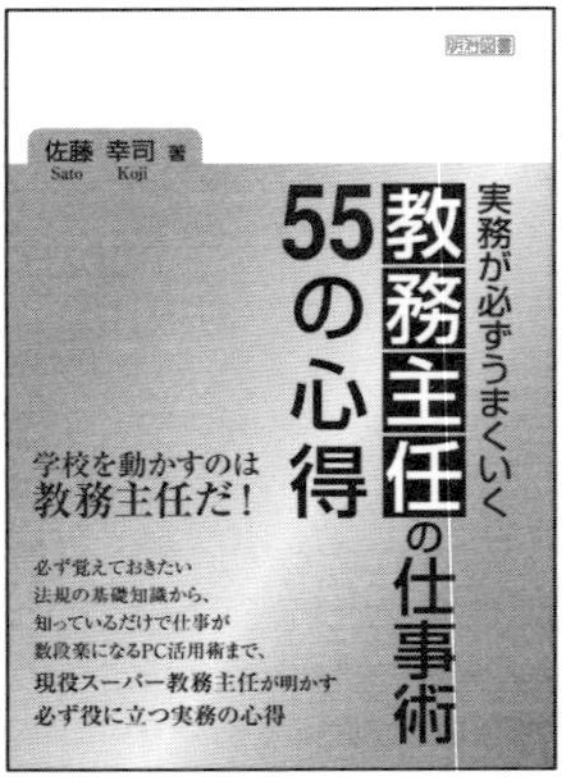

佐藤 幸司 著
Sato Koji

Ａ５判／128 頁
1,800 円＋税
図書番号：0150

必ず覚えておきたい法規の基礎知識から、教育課程を円滑に編成するためのステップ、知っているだけで仕事が数段楽になるＰＣ活用法まで、現役スーパー教務主任が明かす実務の勘所と必ず役に立つ仕事術。若葉マークの教務主任も、これさえあればこわいものなし！

明治図書　携帯・スマートフォンからは **明治図書 ONLINE へ** 書籍の検索、注文ができます。▶▶▶

http://www.meijitosho.co.jp　＊併記４桁の図書番号（英数字）でHP、携帯での検索・注文が簡単に行えます。

〒114－0023　東京都北区滝野川７－46－１　ご注文窓口　TEL 03－5907－6668　FAX 050－3156－2790

＊価格は全て本体価表示です。